EL BARDO THODOL

EL LIBRO TIBETANO DE LOS MUERTOS

LIBRO TIBETANO DE LOS ESPIRITUS DEL MAS ALLA
GUIA ESPIRITUAL DE INICIACION EN LO DESCONOCIDO

Traducido por primera vez al español,
prologado y anotado por
JUAN B. BERGUA

Copyright del texto: ©2010 J. Bergua
Clásicos Bergua - Ediciones Ibéricas
Madrid (España)

Copyright de esta edición: ©2010 LaCriticaLiteraria.com
Colección La Crítica Literaria
www.LaCriticaLiteraria.com
ISBN: 978-84-7083-137-9

Ediciones Ibéricas - LaCriticaLiteraria.com
Calle Ferraz, 26
28008 Madrid
www.edicionesibericas.es
www.lacriticaliteraria.com

Impreso por LSI

EL BARDO THODOL
EL LIBRO TIBETANO DE LOS MUERTOS

CONTENIDOS   Págs.

TRIPLE DEDICATORIA

Dedico este libro:

1° A la VERDAD, tan difícil siempre de alcanzar por ir de ordinario apartándola de los que la buscan el fanatismo y la ignorancia.

2° A los que en todos los tiempos y lugares fueron incansable y valerosamente tras ella.

3° En fin, a otro gran defensor de la verdad: A aquel que «molido y aturdido, sin alzarse la visera, como si hablara dentro de una tumba, con voz debilitada y enferma dijo: Dulcinea del Toboso es la más hermosa mujer del Mundo, y yo el más desdichado caballero de la Tierra, y no es bien que mi flaqueza defraude esta verdad: aprieta, caballero, la lanza y quítame la vida, pues me has quitado la honra». Y, por supuesto, a la memoria siempre querida del ingenio sin par que le imaginó.

JUAN B. BERGUA

PROLOGO

Siempre y en todas partes, la primera fase del culto a los muertos ha consistido en una serie de prácticas y ceremonias en torno al cuerpo que acaba de quedar sin vida. En el Tibet, cuando esto ocurre, lo primero que se hace es extender un paño blanco sobre la cara del muerto, tras lo cual no se vuelve a tocar el cuerpo con objeto de que el proceso de la muerte no sea interrumpido. Este proceso no termina, según se cree, sino cuando entre el nuevo cuerpo que se forma en el Bardo, y el terrestre, la separación es completa. También se cree que el tiempo normal para que tal ocurra son tres días y medio o cuatro; más breve si se es asistido por un hpho-bo, sacerdote «extractor del principio consciente». No obstante, aun con sacerdote, el difunto durante tres o cuatro días no se da cuenta de que ya está fuera de su cuerpo humano.

El hpho-bo, por su parte, apenas llega se sienta junto a la cabeza del difunto, en una silla o sobre una esterita, hace que salgan de la habitación los parientes para que con sus lamentos no turben el silencio necesario para el buen cumplimiento de la ceremonia y hasta hace cerrar ventanas y puertas, e inmediatamente empieza a recitar una salmodia mística destinada a que siguiendo las instrucciones que en ella le da, el espíritu del muerto pueda encontrar el camino que conduce al Paraíso del Oeste de Arrutaba, escapando, si su karma lo permite, del indeseado Estado intermedio. Tras ordenar al espíritu que salga del cuerpo y olvide cuanto hasta entonces le ataba al Mundo (sus parientes y amigos y sus bienes), examina la parte superior de su cabeza, es decir, la parte exactamente en que los dos parietales se unen (abertura de Brahma o Brahmarandhra), para asegurarse de si el espíritu, cual ha debido hacer, ha salido por allí. Porque el espíritu, según el Pretakhanda de Gañida Purana, puede salir del cuerpo por cinco sitios distintos.

Por ejemplo, y ya está bien, por encima del ombligo; pero la mejor salida es la indicada por la parte superior del cráneo. Para mayor seguridad, si el difunto no es calvo, le arranca los pelos que cubren esta parte. Los hindúes ortodoxos sobre todo, llevan en este sitio un mechón de cabellos como banderín en honor del señor supremo y de su emanación, la conciencia pura, que tiene en aquel lugar su habitación. Si por causa de accidente el cuerpo no ha podido ser recuperado, el lama se concentra, le imagina presente, llama a su espíritu y continúa la ceremonia, que suele durar una hora, cual si estuviese allí mismo. Mientras tanto, un Tsi-pa o lama astrólogo hace el horóscopo del muerto, que según la hora en que ha acabado, determinará qué personas deben tocar el cuerpo, el mejor modo de hacerlo y todo lo relativo al funeral y a los ritos. Luego el cuerpo es atado en la posición llamada embrión forme (es decir, la más semejante a los fetos, antes de nacer, en el seno de la madre), puesto que el muerto renace a una vida nueva, y así atado se le coloca en un rincón de la cámara mortuoria que no sea el que corresponde al daimón o espíritu de la casa. Una vez el cuerpo fuera ya de ésta, es colocada en el mismo sitio que ocupó, una efigie del muerto, ante la cual se siguen poniendo alimentos como poco antes ante el cuerpo mismo, alimentos que una vez que el difunto ha extraído la parte sutil, se tiran si el lama o lamas presentes no los quieren.

Los ritos funerarios propiamente dichos comprenden la lectura del Bardo (realizada en la casa del muerto o en el sitio en que haya perecido), para que sepa, por si no lo sabe o lo ha olvidado, lo que le va a ocurrir y lo que tiene que hacer, y los cánticos de otros lamas, que turnándose día y noche, dicen también al espíritu del muerto lo que tiene que hacer para alcanzar el Paraíso Occidental de Amitaba. Este servicio fúnebre es llamado De-wa-chan-kyi-mom-lam. Si la familia es rica, un servicio de difuntos semejante se celebra en el templo que solía frecuentar, cantado por todos los monjes. Naturalmente, el número de lecturas del Bardo, de cantos y de ritos varía según lo que se pague; de tratarse de un pobre, un lama es suficiente para iniciarle en lo que debe hacer, y muy breves días bastan para ello.

De ser rico, asisten un centenar de lamas y el funeral puede durar los cuarenta y nueve días que habla el Bardo. Durante todo este tiempo, lamas, parientes y amigos comen y son alojados a costa de la familia del muerto.

Como acabo de decir, cuando ya no se puede guardar el cadáver en la casa, como de lo que se trata en realidad (bien que no se confiese, como es natural, y que incluso se asegure que lo que se quiere es seguir protegiendo su espíritu) es de que los honorables lamas oficiantes puedan seguir regalando su cuerpo con comilonas y demás, se fabrica una efigie del difunto que sin oler ni molestar pueda servir para el caso. ¿Con qué se hace esta efigie? Pues con lo que se halla a mano, qué más da: con un taburete, con un leño o con lo que sea, y los vestidos del que se pudre, y poniendo a modo de cara y en lugar de ésta el mtshan-spyang o spyang-pu.

El spyang-pu consiste en un papel impreso en el que hay una figura central que representa al difunto (y a todos los difuntos, claro, puesto que una estampa semejante servirá para otros y así sucesivamente), colocado bajo un dosel, con las piernas cruzadas y en actitud orante. A derecha e izquierda se ven los cinco símbolos de las «cinco cosas excelentes de los sentidos». A un lado un espejo (vista), una caracola (oído) y un copón, como el de la Eucaristía, con los bollos sagrados (gusto y tacto); al otro lado una lira y un vaso lleno de flores (olfato). El orante está sentado sobre un asiento, elevado, cojín o trono formado con hojas, lotos o lo que se quiera imaginar. En el antiguo Egipto se hacía una cosa semejante, haciendo allí de spyang-pu la llamada «Estatua de Osiris», que se suponía igualmente representar al muerto. La fantasía de los hombres es limitada. Más limitada que su codicia y su apetito.

En fin, al pie de la estampa está escrito lo siguiente a modo de oración funeraria: «Yo, que parto de este Mundo (aquí el nombre del difunto), adoro y me refugio en mi lama-director (como se comprenderá, no hay tibetano rico sin director espiritual), en todas las deidades amables (o apacibles) y en las furiosas (o irritadas; de las cien deidades superiores, cuarenta y dos se suponen amables, cincuenta y ocho, rabiosas; conviene que haya más deidades desfavorables que lo contrario, para que la acción de los directores espirituales sea más necesaria, y esté bien justificada). Pueda el Gran Compasivo (antigua divinidad aborigen hoy identificada con Avalokitesvara) perdonar mis pecados acumulados y las impurezas de mis vidas anteriores, y conducirme por el camino que lleva a otro mundo bueno.»

Terminados los funerales, el spyang-pu es quemado ceremoniosamente a la llama de una lámpara que arde con manteca, y se dirige al espíritu del muerto el adiós final. La suerte del difunto se conoce en el color de la llama y en la manera como arde. Por supuesto, que el que bien paga tiene buena suerte y el que no se las arregla como puede. Con las cenizas del spyang-pu y arcilla se hacen minúsculas stupas llamadas sa-tscha, motivos simbólicos o letras sagradas. Una de estas stupas se guarda en el altar familiar y las demás en sitios a cubierto, ora en encrucijadas de caminos, ya en lo alto de una colina bajo una roca, bien en una gruta si por casualidad hay una próxima. Lamas benéficos y aprovechados se ocupan tanto de hacer los símbolos sagrados como de llevarlos allí donde convenga mediante, claro, limosnas, que dan con gusto los familiares. Igualmente los lamas se quedan, para venderlas, con las vestiduras con que se confecciona la efigie del muerto, vestiduras que conviene que sean buenas para que el difunto sea bien recibido en el otro mundo.

Hago gracia al lector de otra porción de prácticas, pues ni que decir tiene que cuanto más se puede extraer a la familia del difunto con el pretexto de que éste tenga cuanto precise al otro lado, más duran los funerales y las ceremonias. Por ejemplo, cuando el o los lamas presentes en el momento de sacar el cuerpo, presentan a éste un chai de honor, al que se dirigen cual si fuese el muerto mismo colmándole de sanos consejos, animándole a que no se prive de los alimentos que más le plazcan ni en la cantidad que le plazcan (que naturalmente ellos retiran una vez que el difunto ha tomado las esencias que le son necesarias), rogándole y hasta conminándole para que no venga a inquietar a sus parientes, y, en fin, terminando labor tan importante con estas palabras que algún malintencionado podría, torcidamente, interpretar como interesadas: «Acuérdate del nombre de tu lama-director espiritual que es (aquí su nombre) y con su ayuda emprende el camino recto, el camino blanco. Ven por aquí».

Tras lo cual se organiza la comitiva con gran acompañamiento de lamas y músicos (trompeteros y tamborileros). Tras los que conducen el cuerpo van los oficiantes del duelo (algunos de ellos llevando refrescos, parte de los cuales son vertidos en la hoguera funeraria, y otra, la mayor, consumida por los que asisten), y finalmente la familia deshecha en lágrimas. El lama-director espiritual que preside todo, se vuelve de cuando en cuando para invitar al espíritu a que no se separe todavía del cuerpo, y para asegurarle que el camino que sigue es el que debe seguir. Advertiré que consejos y direcciones tan sólo se dan a los espíritus de los laicos, pues el de los lamas difuntos es juzgado suficientemente entrenado en las doctrinas del Bardo para no necesitar que le dirijan. En otras palabras, no juzgando decoroso los honorables lamas hacer pagar a los compadres, como aquí hacen los médicos, se asisten gratis unos a otros.

En el Tíbet se conocen todos los métodos para hacer desaparecer los cuerpos de los difuntos y todos son puestos en práctica. Se considera como el mejor el quemar (como en la India) los cadáveres. Pero como en muchos sitios hay verdadera penuria de árboles, es decir, de materia mediante la cual quemar, por lo general son transportados los cuerpos a lo alto de una colina o de una eminencia rocosa, y allí, se despedaza el cadáver y se le deja para que las aves de presa (buitres) acaben con él, tal cual hacen, en Bombay y en Persia, los parsis en las Torres del Silencio. Es decir, que de no tratarse de un noble o de un rico que puede procurarse leña a no importa qué precio, no hay cremación.

También se les entierra, esto de preferencia, cuando el paciente ha muerto de enfermedad contagiosa. Pero en general los tibetanos no gustan de enterrar a sus muertos, temerosos de que el espíritu del difunto se empeñe en regresar a los lugares que ha abandonado y acabe por volverse vampiro. Otras veces los cadáveres son arrojados a ríos, torrentes o lagos. Los Dalai-Lama, los Tachi, o Tashi-Lama y algunos grandes personajes, son embalsamados. Este embalsamamiento se practica de un modo muy semejante a como se hacía en el antiguo Egipto: se coloca el cuerpo en una caja bien recubierta de sal de pantano y en ella se le tiene tres meses poco más o menos, es decir, hasta que la sal haya absorbido todos los líquidos del cuerpo.

Una vez el fiambre bien seco, es embadurnado con una sustancia semejante a un cemento, hecho con arcilla, madera de sándalo pulverizada, especias y drogas. Este cemento se adhiere y se endurece en las partes huecas o que presentan arrugas, como los ojos, las mejillas y el vientre y el todo queda reducido al estado de momia. En fin, cuando la momia está ya bien seca se la cubre con una pintura de oro líquido y la divina mojama dorada es llevada a una especie de Abadía de Westminster tibetana. En Shigatze, donde reside el Tashi-Lama, hay hasta cinco de estos templos funerarios con doble techo dorado. Ni que decir tiene que estas momias reciben culto y que ante ellas arden lámparas y se quema incienso.

Aún podría dar muchos más detalles, pues como bien se comprende por lo dicho, las prácticas, su número y su lujo varían no tan sólo según las posibilidades de las familias de los muertos, sino según los lugares. Pero creo que con esto basta para dar una idea de cómo en el Tibet, como en todas partes, la ignorancia, el fanatismo y el interés se unen muchas veces poniendo como pretexto, la Tierra, si hace falta invocar la Tierra; si el Cielo, el Cielo.

En fin, como el lector encontrará continuamente ciertas palabras cuyo significado le interesa no olvidar para la mejor comprensión del texto, para ayudarle en esta tarea inserto estas palabras a continuación:

DHARMA. La palabra Dharma viene de la raíz dhari, en su sentido de soportar, sostener. Dharma es, pues, lo que soporta, tanto al Universo como al individuo. Como sostén de la Humanidad, Dharma representa la justa conducta resultado del verdadero saber; es decir, de acuerdo con su sentido en sánscrito: «lo que es obligatorio». En el hinduismo esta palabra designa de un modo general la religión, las leyes religiosas y las que deben regir la conducta. Los Dharmas-sutras contienen las reglas destinadas a los cuatro estados de la vida de un brahmán.

DHYANA. Esta palabra, que en sánscrito significa «trance místico», en el Budismo se emplea para designar la meditación intensa concentrada en un objeto religioso. Es uno de los métodos más importantes para llegar al estado de reposo definitivo, es decir, al Samadhi.

KARMA o KARMAN. Esta palabra, que en sánscrito significa «acción», en el Budismo y en el Hinduismo representa una teoría según la cual todas las acciones (en realidad no tan sólo los actos propiamente dichos, sino las palabras y hasta los pensamientos) tienen una fuerza dinámica que se manifiesta influyendo en el curso de las existencias sucesivas (metempsicosis) en el curso de las edades. Es decir, que viene a ser como una especie de ley fatal según la cual cada uno recoge en la vida (para los que creen en la metempsicosis, en el curso de cada vida) el fruto de lo que ha sembrado en existencias precedentes.

MARÁ o MAYA es la Ilusión. Maya, que en el hinduismo ha sido personificada y que desempeña un papel muy importante en su mitología, constituye en todos los Samsaras la servidumbre (ilusión de las formas, inclinación y deseo de las formas) cuya emancipación es el Nirvana.

NIRMANA es el proceso de construcción en el pensamiento brahmánico, así como el Dharma es la primera cosa necesaria. Luego viene el Artha, prosperidad en la posesión; después el Sambhoga y, finalmente, Moksha, la Liberación.

NIRVANA. El Nirvana, Vacío total, es la meta o Paraíso final del Budismo. El aniquilamiento individual; la ausencia absoluta de deseo y, por tanto, de dolor; la entrada en el Todo. El estado perfecto de Buda.

La verdad según el Brahmanismo es el Brahmán, la Liberación. Sambogha es la vida de la alegría. La liberación, la salvación, Moksha, como ya he dicho. Nirvana, el propósito final de la vida humana: la extinción del karma; la llegada al estado de beatitud; el término de la larga serie de existencias, de la ignorancia, del esfuerzo, del deseo y del dolor; en una palabra: la paz total.

El «Conocedor» es el principio consciente de las personas ordinarias, corrientes, vulgares; el «alma», como se dice en Occidente.

En fin, la palabra YOGA, que erróneamente suele ser considerado, de ordinario, como un simple método de cultura física, es, en realidad, uno de los darsanas o sistemas ortodoxos de filosofía hindú, atribuido a Patanjali (que vivió hacia el año 300 antes de nuestra era). El fin de este sistema es alcanzar la unión completa con el Ser supremo, es decir, como la ilusión de cual' quier místico occidental. Como uno de los ocho medios para alcanzar la concentración mental indispensable para conseguir la unión deseada, consiste en la práctica de posturas especiales y en ejercicios respiratorios, de aquí el concepto del yoga extendido por Occidente.

Los dos libros escatológicos «tipos», por decirlo así, son El Libro de los Muertos egipcio y el Bardo Thodol. Pero como la preocupación por la muerte y sus misterios ha sido constante entre los hombres de los diferentes pueblos, que jamás se resignaron ni se resignan a que su ciclo de existencia acabe con la vida en la Tierra, esta preocupación se ha manifestado en diferentes obras, tales que La Bajada al Infierno Orfico, griego, el Pretak-handa del Garuda Purana hindú, el Ars Moriendi y demás tratados sobre la ciencia de la muerte de la Europa medieval, el

De cáelo et de inferno, de Swendenborg y el De inferno, de Rusca, por no citar sino los principales. Algunos de estos tratados, por ejemplo el Garuda Purana, penetra audazmente en el dominio de lo desconocido tras describir los ritos para el agonizante, el momento de la muerte, los funerales y la construcción de un cuerpo nuevo; así, el rito del Pretashraddha remplaza el cuerpo del Preta o muerto, durante estados sucesivos, hasta su renacimiento terrestre.

En fin, como ya se indica en la nota correspondiente del texto, existe también en el Tibet un librito que a modo de breviario o extracto del Bardo se pone con el cadáver para que siga su suerte y le sirva de ayuda-guía en el Estado intermedio; este librito es el Tahdol, que viene por consiguiente a cumplir en el Tibet el papel que llenaba el Libro de los Muertos en Egipto.

LIBRO TIBETANO DE LOS MUERTOS

LIBRO PRIMERO
EL CHIKHAI BARDO Y EL CHONYID BARDO (1)

En los que está contenida la confrontación con la realidad en el estado intermedio: La gran LIBERACIÓN por el ENTENDIMIENTO durante el estado que sigue a la muerte, causado por la profunda doctrina de la emancipación de lo consciente en virtud de la meditación a propósito de las Divinidades tranquilas y de las furiosas.

LAS OBEDIENCIAS.

Al Divino Cuerpo de la Verdad (2), a lo Incomprensible, la Luz sin límites.

Al Divino Cuerpo del Don Perfecto que es el Loto, las Divinidades de la Paz y las Divinidades de la Cólera (3).

A Padma Sambhava, encarnación del Loto (4), protector de todos los seres conscientes.

A los Gurús, a los Tres Cuerpos (5): a todo ello se debe obediencia.

INTRODUCCIÓN.

Esta Gran Doctrina de la Liberación por el entendimiento, que da la libertad espiritual a los adeptos de espíritu corriente, mientras están en el Estado Intermedio, consta de tres divisiones: los preliminares, el motivo y la conclusión. Primeramente, pues, los preliminares, esto es, los Libros Guías (6), que sirven para la emancipación de los seres y que, tras, bien estudiados, sólo una práctica asidua y correcta ayudará a asimilar.

LA TRANSFERENCIA DEL PRINCIPIO CONSCIENTE.

Mediante los Libros Guías seguramente los espíritus elevados quedarán liberados, pero de no ocurrir así entonces deberán, en el estado intermedio en el momento de la muerte, practicar la Transferencia (7) que procura inmediatamente la liberación, de conseguir acordarse de ella.

Los adeptos de espíritu ordinario deberán en verdad ser liberados de este modo, pero aunque no lo fuesen sino durante el estado intermedio, período de experiencia de la Realidad, deberían continuar escuchando la Gran Doctrina de Liberación por el entendimiento. Para ello los creyentes deberían, en primer lugar, examinar los síntomas de la muerte tal cual aparecen gradualmente en los cuerpos de los moribundos, continuando la Liberación Personal mediante la observación de los Síntomas de la Muerte. Entonces, cuando todos los síntomas de la muerte están completos, conviene aplicar la Transferencia que confiere la liberación a aquel que puede acordarse de ella (8).

LA LECTURA DE ESTE THODOL.

Si la transferencia ha sido efectivamente realizada, no es necesario leer este Thodol. Pero si la Transferencia no ha sido efectivamente realizada, entonces este Thodol debe ser leído correcta y distintamente cerca del cuerpo del muerto. Si no hay cuerpo (9), el lecho o el sitio habituales del difunto deben ser ocupados por el lector que va a exponer la fuerza de la Verdad. Entonces, llamando al muerto, ha de suponer que está presente y atento, y luego leer. Mientras tal hace, no debe permitirse a ningún pariente ni esposo preferido (10) llorar o gemir, pues esto no es bueno; hay, pues, que obligarles a guardar silencio. De estar el cuerpo presente, en el momento en que la última espiración cesa, el Lama que haya sido el gurú del muerto, o un hermano de la Fe que practicaba, o un amigo muy querido, poniendo su boca cerca de su oreja, pero sin tocarla (11), leerá el Gran Thodol.

MEDIO DE APLICACIÓN DEL THODOL POR EL OFICIANTE.

Si podéis reunir grandes ofrendas, haced un homenaje a la Trinidad. De ser esto imposible, tratad de reunir algunos objetos en los cuales poder concentrar vuestro espíritu y crear mentalmente, como adoración, una ofrenda ilimitada. Luego recitad siete veces, o tres, según las circunstancias, el «Sendero de los buenos Deseos invocando la ayuda de los Budas y de los Bodisatvas» (12). Tras ello, el «Sendero de los buenos Deseos que protegen contra el miedo en el Bardo» y el «Sendero de los Buenos Deseos que libra de los lazos peligrosos en el Bardo» (13), así como «Las palabras fundamentales del Bardo» (14); todo debe ser leído distintamente con sus entonaciones propias. Entonces es el momento del Gran Thodol, que debe ser leído o siete o tres veces (15). En primer lugar viene la confrontación con los síntomas de la muerte, tal cual se producen durante los momentos de la muerte; en seguida la llamada viva, la confrontación con la Realidad durante el estado intermedio, y finalmente los métodos para cerrar las puertas de las matrices cuando, en el estado intermedio, el muerto trata de renacer.

PRIMERA PARTE

EL BARDO DEL MOMENTO DE LA MUERTE

INSTRUCCIÓN SOBRE LOS SÍNTOMAS DE LA MUERTE O LA PRIMERA PARTE DEL *CHIKHAI BARDO*: LA CLARA LUZ PRIMORDIAL VISTA EN EL MOMENTO DE LA MUERTE.

En el momento de la primera confrontación frente a frente con la Clara Luz, durante el estado intermedio de los momentos de la muerte, puede ocurrir que muchos hayan escuchado las enseñanzas religiosas sin no obstante reconocerlas, mientras que otros que las han reconocido están no obstante poco familiarizados con ellas. Pero todos cuantos hayan recibido la enseñanza práctica de los Guías serán, si merecen que se les aplique, puestos frente a frente de la Clara Luz fundamental y, sin ningún otro estado intermedio, obtendrán el Dharma-Kaya sin nacimiento por la Gran Vía Ascendente (16). He aquí el modo de aplicación: lo mejor es contar, si es posible, con un gurú que dé al difunto las instrucciones directivas. De no poder contar con un gurú, entonces hay que llamar a un hermano de la fe. Si ninguna de estas personas puede venir, entonces hay que acudir a alguien capaz de leer claramente el Thodol varias veces. Esto recordará al muerto lo que había oído decir a propósito de la confrontación, podrá reconocer la Luz Fundamental y, sin duda alguna, obtener la Liberación. He aquí cuándo y cómo es preciso proceder: Una vez que la espiración ha cesado, la fuerza vital habrá caído en el centro nervioso del Saber (17) y «El Conocedor» (18) experimentará la Clara Luz de la condición natural (19). Entonces la fuerza vital siendo proyectada en forma de corriente descendente a lo largo de los nervios psíquicos a derecha e izquierda, el alba del estado intermedio se levantará momentáneamente.

Estas directivas deben ser aplicadas antes que la fuerza vital se extienda por el nervio izquierdo luego de haber atravesado los centros nerviosos del ombligo. El tiempo normal necesario para este movimiento de fuerza vital dura mientras la respiración existe, poco más o menos el tiempo necesario para hacer una comida (20). El modo de aplicación es el siguiente: Cuando la respiración está a punto de acabar es preferible que la Transferencia haya sido ya hecha; pero si ha sido ineficaz, entonces habrá que pronunciar estas palabras: «¡Oh noble hijo! (Aquí el nombre del moribundo.) El tiempo ha llegado para ti de buscar el Sendero. Tu aliento va a cesar. Tu gurú te ha colocado frente a frente de la Clara Luz. Y ahora vas a conocerla en su Realidad, en el estado del Bardo, en que todas las cosas son como el cielo vacío y sin nubes y en donde la inteligencia desnuda y sin mancha es como una vacuidad transparente sin circunferencia ni centro. En este momento, conócete a ti mismo y permanece en tal estado. Yo a mi vez, ahora, te establezco en esta confrontación.»

Leído esto, hay que repetirlo varias veces junto a la oreja del difunto, para que antes que la respiración cese, quede bien grabado en su espíritu. De estar la respiración a punto de cesar, hay que volver al moribundo hacia la derecha, en la posición llamada del león acostado. El latido de las arterias (a derecha e izquierda del cuello) debe ser comprimido. De tener el moribundo tendencia a dormir, o si el sueño llega, hay que evitarlo, y para ello hay que hacer presión, dulcemente, sobre las arterias; dulce, pero con firmeza. Con ello la fuerza vital no podrá volver al nervio medio y partirá seguramente por la abertura brahmánica (21). Entonces es cuando debe ser hecha la real confrontación. Y es en este momento cuando la primera percepción en el Bardo de la Luz Clara de la Realidad, espíritu perfecto del Dharma-Kaya, es sentida por todo ser animado. El tiempo del intervalo de la cesación de la respiración y de la inspiración es aquel durante el cual la fuerza vital permanece en el nervio mediano. Se dice corrientemente que es entonces cuando el conocimiento se desvanece. La duración de este instante es incierta. Depende de la buena o mala constitución de los nervios, y de la fuerza vital. Incluso entre los que no han tenido sino una muy pequeña experiencia práctica del estado firme y tranquilo del dhyana y en aquellos que tienen los nervios tranquilos, este momento dura bastante (22).

Para establecer la confrontación, la repetición, de las palabras, dirigidas al moribundo, señaladas hace un momento, debe ser hecha hasta que un líquido amarillento empiece a aparecer en las diversas aberturas del cuerpo. En los que han llevado una vida mala, o en aquellos que tienen los nervios mal equilibrados, el estado del que ha sido hablado no dura más de lo que dura un castañetear de dedos. En los demás puede durar el tiempo necesario para hacer una comida. En diversos Tantras se lee que este estado de desvanecimiento dura alrededor de tres días y medio. Muchos otros tratados religiosos dicen que cuatro días, durante los cuales esta puesta frente a frente con la Clara Luz debe ser efectuada. El modo de aplicación hele aquí: Si el moribundo es capaz por sí mismo de reconocer los síntomas de la muerte, ha debido servirse antes de esta capacidad (23).

De ser incapaz de ello, un gurú, un shishya o un hermano de la Fe con el que el moribundo estuviese muy unido, debería en este caso permanecer a su lado e imprimir en su espíritu síntomas de la muerte apareciendo por su orden natural, repitiendo: «Ahora llega el momento en que la tierra naufraga en el agua.» «Ahora, cuando el agua naufraga en el fuego.» «Ahora, cuando el fuego naufraga en el aire.» (24).

Cuando todos los síntomas de la muerte están a punto de acabar, entonces pronunciad este mandato en voz baja al oído del moribundo: «Oh noble hijo (de ser un sacerdote: ¡Oh Venerable Señor!) no permitas que tu espíritu se distraiga.» De tratarse de un hermano de la Fe o de alguna otra persona, llamadle por su nombre y añadid: «¡Oh noble hijo, lo que se llama la muerte, habiendo llegado para ti, toma esta resolución: esta es la hora de mi muerte. Tomando ventaja sobre esta muerte obraré en bien de todos los seres conscientes que pueblan las inmensidades ilimitadas de los cielos con objeto de obtener el estado perfecto de Buda, en virtud del amor y de la compasión que dirigiré hacia ellos encaminando mi esfuerzo concentrado tan sólo hacia la Perfección.» Decid aún: «Dirigiendo así tus pensamientos—particularmente en el momento en que el Dharma-Kaya de la Clara Luz puede ser realizado en el estado que sigue a la muerte por el bien de todos los seres conscientes—aprende a reconocer que estás en este estado y toma la resolución de obtener el mayor bien de este estado del Gran Símbolo (25), en el cual estás, pensando:

«Incluso si no puedo realizarle, reconoceré este Bardo y haciéndome dueño del Gran Cuerpo del Universo en Bardo, apareceré en alguna forma, sea cual sea, para beneficio de todo ser existente. Y serviré a los seres sensibles infinitos en número como los límites del cielo.» Sintiéndote atado a esta resolución, deberás tratar de acordarte de las prácticas de devoción a las que estabas acostumbrado durante tu vida.

El lector dirá todo esto con los labios cerca de la oreja del difunto, repitiéndolo claramente para imprimirlo de un modo seguro en él, impidiendo que su espíritu se extravíe ni un solo momento. Cuando la espiración ha cesado completamente, apretar fuertemente el nervio del sueño, y si se trata de un Lama, una persona más elevada o más instruida que vosotros, es preciso decir con fuerza estas palabras: «Reverendo Señor, ahora entras en la Clara Luz Fundamental. Procura permanecer en el estado que experimentas en este momento.» De tratarse de otras personas, el lector hará la confrontación de este modo: «¡Oh noble hijo (aquí el nombre), escucha! Ahora sufres la radiación de la Clara Luz de Pura Realidad. Reconócela. ¡Oh noble hijo!, tu conocimiento presente, en realidad vacío, sin característica y sin color, vacío, de naturaleza, es la Verdadera Realidad, la Bondad Universal. Tu inteligencia, cuya verdadera naturaleza es el vacío, que no debe ser mirado como el vacío de la nada, sino como la inteligencia misma sin trabas, brillante, universal y fejiz, es la conciencia misma (26): el Buda universal bueno. Tu propia conciencia no formada en modo alguno, en realidad vacía, y la inteligencia brillante y gozosa son inseparables. Su unión es el Dharma-Kaya; el estado de perfecta iluminación (27). Tu propia conciencia, brillante, vacía e inseparable del Gran Cuerpo de Esplendor, no tiene ni nacimiento ni muerte y es la inmutable Luz Amitaba Buda. Este Conocimiento basta. Reconocer el vacío de tu propia inteligencia como el estado de Buda y considerarle como tu propia conciencia, es continuar en el espíritu divino de Buda.»

Esto hay que repetirlo clara y distintamente tres e incluso siete veces. Ello recordará al espíritu del moribundo la enseñanza de la confrontación que le fue dada durante su vida por su gurú. En segundo lugar, hará reconocer la conciencia despojada, como siendo la Clara Luz. En tercer lugar, reconociendo su propia esencia, el moribundo se une de modo permanente al Dharma-Kaya y la Liberación será un hecho cierto (28).

INSTRUCCIONES CONCERNIENTES AL SEGUNDO ESTADO TRANSITORIO DEL *CHIKHAI BARDO*: LA CLARA LUZ SECUNDARIA VISTA INMEDIATAMENTE TRAS LA MUERTE.

La Clara Luz Primordial, si ha sido reconocida, ha hecho alcanzar la Liberación. Pero de temer que no ha podido ser reconocida, entonces se puede asegurar con toda certeza que el difunto verá la Clara Luz Secundaria que se producirá aproximadamente «durante el tiempo que dura una comida», una vez que la última expiración haya cesado. Según el Karma, sea bueno o malo, la fuerza vital desciende por el nervio derecho o izquierdo y se va por una de las aberturas del Cuerpo. Entonces se presenta un estado de lucidez (29). El estado de Clara Luz Primordial puede durar hasta «el tiempo necesario para hacer una comida», ello dependerá de la buena o mala condición de los nervios y también del estudio de la confrontación hecha durante la vida. Cuando los Principios-Conscientes salen del cuerpo, el difunto se pregunta: «¿Estoy o no estoy muerto?» Le es imposible determinarlo; ve a sus allegados, a los que le rodean, tal cual los veía antes. Oye sus sollozos (30). Las ilusiones kármicas de terror no se levantan aún, como tampoco las apariciones o experiencias producidas por el Señor de la Muerte (Gshin-rjé). Durante este intervalo, el Lama o lector debe seguir las direcciones del Thodol. Hay adeptos del período de perfección y del estado de visión. De dirigirse a un adepto del estado de perfección, llamadle tres veces por su nombre y repetid varias veces las palabras de confrontación con la Clara Luz, leídas en el primer capítulo. Si se trata de un adepto del sabio de visión, entonces leedle los rezos de introducción y el texto de la Meditación sobre su divinidad tutelar, luego decidle: «¡Oh noble hijo!, medita a propósito de tu divinidad protectora (aquí, decir el nombre de esta divinidad) (31). No te distraigas. Concreta tu espíritu en tu dios tutelar, medita acerca de él cual si fuese el reflejo de la Luna en el agua, aparente, pero inexacto en realidad. Medita a propósito de él cual si se tratara de un ser que tuviese cuerpo físico.» De este modo el lector imprimirá esta idea en el espíritu del muerto. De ser el muerto un espíritu ordinario, decid: «Medita acerca del Señor de la Gran Compasión.»

Confrontados de este modo, incluso aquellos a los que se juzgaría incapaces de reconocer el Bardo (sin ayuda), estarán sin duda alguna en condiciones de reconocerle. Aquellos que durante su vida han estudiado la Confrontación con un gurú, pero sin familiarizarse con ella, no podrán reconocer solos el Bardo. Un gurú o un hermano de la Fe deberá ayudarles en tal momento. Podría haber también quienes, habiéndose entrenado en la enseñanza, no pueden resistir mentalmente a la ilusión, a causa de una muerte demasiado violenta. Para éstos la instrucción es absolutamente necesaria. Hay también quienes, no obstante estar acostumbrados a la enseñanza, han merecido pasar a un estado de existencia miserable, a causa de la carencia de votos, o al cumplimiento honesto de obligaciones esenciales. Para éstos también esta instrucción es absolutamente necesaria. Si el primer estado del Bardo ha sido advertido inmediatamente, miel sobre hojuelas. Si no, mediante la aplicación de esta llamada al muerto en el segundo estado, el intelecto es despertado y puede alcanzar la liberación. Durante el segundo estado del Bardo, el cuerpo está en el estado llamado «el cuerpo de ilusión brillante» (32). No sabiendo si está muerto o no, llega a un estado de lucidez. Si las instrucciones son aplicadas al muerto, con éxito, durante este estado, el karma no podrá impedir su encuentro con la Realidad-Madre y con la Realidad de descendencia (33). Así como los rayos del Sol disipan las tinieblas, la Clara Luz disipa las potencias del karma. Lo que es llamado el segundo estado del Bardo se levanta para iluminar el cuerpo-pensamiento. «El Conocedor» permanece en el sitio donde sus actividades han sido limitadas. Si, en aquel momento, toda esta enseñanza especial ha sido aplicada eficazmente, entonces el propósito es conseguirlo. Pues las ilusiones kármicas no han llegado aún para arrastrar de aquí para allá al muerto y apartarle de su propósito de llevar a cabo la iluminación.

SEGUNDA PARTE
EL BARDO DE LA EXPERIENCIA DE LA REALIDAD

INSTRUCCIONES PRELIMINARES CONCERNIENTES A LA EXPERIENCIA DE LA REALIDAD DURANTE EL TERCER ESTADO TRANSITORIO LLAMADO EL *CHONYID BARDO*, CUANDO LAS VISIONES KÁRMICAS APARECEN.

Incluso si la Clara Luz primordial no ha sido reconocida, de ser reconocida la Clara Luz del segundo Bardo la Liberación será alcanzada. Si, por el contrario, la liberación no ha tenido lugar, entonces lo que es llamado el tercer Bardo o Chonyid Bardo empieza. En este tercer estado del Bardo se producen las ilusiones kármicas. Es muy importante que la gran confrontación del Chonyid Bardo sea leída, pues tiene un gran poder benéfico. Hacia este momento, el difunto ve que la parte de su comida es apartada, que su cuerpo es despojado de sus vestidos, que el sitio donde estaba la manta sobre la que descansaba es barrido. Escucha los llantos y gemidos de sus amigos y de sus parientes, y muy especialmente les ve y oye cómo le llaman, pero como ellos no pueden saber que les responde, se va disgustado. Al instante, sonidos, luces, radiaciones se le manifiestan ocasionándole miedo y terror y a causa de ello gran fatiga. Es entonces cuando esta confrontación con el Bardo de la realidad debe ser aplicada. Llamando al muerto por su .nombre, clara y distintamente, dadle las explicaciones siguientes:

«¡Oh noble hijo!, escucha con atención y sin distraerte. Hay seis estados transitorios del Bardo, que son: el estado natural del Bardo durante la concepción; el Bardo del estado de los ensueños; el Bardo del equilibrio extático en la meditación profunda; el Bardo del momento de la muerte; el Bardo de la experiencia de la realidad, y el Bardo del proceso inverso de la existencia samsariana. Tales son los seis estados.

»¡Oh noble hijo!, ahora vas a experimentar tres Bardos: el Bardo del momento de la muerte, el Bardo de la experiencia de la realidad y el Bardo de la búsqueda del renacimiento. De estos tres estados has experimentado hasta ayer el Bardo del momento de la muerte. Bien que la Clara Luz de la Realidad haya lucido sobre ti, no has podido permanecer en ella y ahora debes vagar aquí. Por el momento vas a experimentar el Chonyid Bardo y el Sidpa Bardo. Observa con atención perfecta lo que te voy a presentar y permanece firme.

»¡Oh noble hijo!, lo que se llama la muerte ha llegado ahora. Dejas el Mundo, pero no eres tú solo en hacerlo, la muerte llega para todos. No continúes atado a esta vida por el sentimiento y por debilidad. Pues aunque por debilidad quisieras hacerlo, no tendrías poder suficiente para permanecer aquí. No podrás obtener otra cosa sino errar en el Samsara. No te empeñes en lo imposible, no seas débil. Acuérdate de la preciosa Trinidad (el Buda, el Dharma, el Sangha).

»¡Oh noble hijo!, sea cual sea el miedo y el terror que puedan asaltarte en el Chonyid Bardo, no olvides lo que te digo, y guardando la significación de mis palabras en tu corazón, avanza llevándolas como divisa, pues en ellas se encierra el secreto vital del conocimiento.

»¡Ay!, cuando la Experiencia de la Realidad luce sobre mí, una vez expulsado todo pensamiento de miedo, de terror, de temor a las apariencias, séame dado conocer que toda aparición es una reflexión de mi propia conciencia; pueda reconocerlas como siendo de la naturaleza de las apariciones del Bardo. En el muy importante momento de cumplir un gran fin, séame dado no temer a las tropas de Divinidades apacibles e irritadas que no son otra cosa que mis propias formas-pensamientos.»

Repite estas palabras claramente acordándote de su significación, y sin dejar de decirlas, continúa. Con ello, cualquier visión de temor o de terror que se aparezca, la reconocerás sin duda alguna; no olvides el arte secreto vital que encierran estas palabras.

¡Oh noble hijo!, en el momento en que tu cuerpo y tu espíritu se han separado, has conocido el fulgor de la Verdad Pura, sutil, centelleante, brillante, resplandeciente, gloriosa y radiantemente impresionante, bajo la apariencia de un espejismo cruzando un paisaje primaveral y un continuo chorrear de vibraciones. No quedes subyugado, aterrorizado ni temeroso. Todo ello no es sino irradiación de tu propia y verdadera naturaleza. Aprende a conocerlo. Del centro de esta irradiación saldrá el sonido natural de la Realidad repercutiéndose simultáneamente cual un millar de truenos. Ello es el sonido natural de tu propio y verdadero ser. No quedes subyugado, aterrorizado ni temeroso. El cuerpo que tienes ahora es llamado él cuerpo-pensamiento de las inclinaciones. Desde que ya no tienes u ncuerpo material de carne y de sangre, sea lo que sea lo que pueda suceder: sonidos, luces o radiaciones, nada de todo esto puede hacerte daño. Ya te es imposible morir. Te basta, y suficiente es para ti, saber que estas apariciones son tus propias formas-pensamientos. Aprende a reconocer que esto es el Bardo (34).

¡Oh noble hijo!, si no reconoces tus propias formas-pensamientos no obstante las meditaciones o devociones practicadas por ti en el Mundo humano—si no has escuchado esta presente enseñanza—, los fulgores te subyugarán, los sonidos te llenarán de miedo, los rayos te aterrorizarán. Si no conoces esta llave absoluta de tus enseñanzas, no siendo capaz de reconocer sonidos, luces y radiaciones, obligado serás a vagar par el Samsara.

EL ALBA DE LAS DIVINIDADES APACIBLES
DEL PRIMERO AL SÉPTIMO DÍA

Presumiendo que el difunto está obligado por su karma (lo que les ocurre a la mayor parte) a atravesar los cuarenta y nueve días de existencia del Bardo, a pesar de las frecuentes confrontaciones que le son leídas, los juicios y peligros que tendrá que afrontar y de los que deberá triunfar durante los siete días de las apariciones de las Divinidades apacibles, le son explicados aquí detalladamente. El primero de estos siete días es señalado por el texto en el momento en que normalmente se da cuenta del hecho de haber muerto y estar en el camino del renacimiento; este día cae poco más o menos tres y medio o cuatro después de la muerte.

PRIMER DÍA

¡Oh noble hijo!, has estado desvanecido durante los cuatro últimos días. Cuando salgas de esta nada, te preguntarás: «¿Qué ha pasado?» Obra de tal manera que puedas reconocer el Bardo. En este momento el Samsara estará (te parecerá a ti) en revolución, y los fenómenos aparentes que verás serán radiaciones y deidades. Los cielos te parecerán de un azul oscuro. Entonces del Reino Central, llamado «la fuerza proyectiva de la simiente», el Bhagavan Vairochana (35) de color blanco, sentado en el trono del León, llevando en su mano la rueda de ocho rayos y enlazando por la Madre del Espacio del Cielo (36), se manifestará a ti. Es la agregación de la materia constituida en estado primordial que es la luz azul. La sabiduría del Dharma-Dhatu de color azul brillante, transparente, espléndida, deslumbradora brotará hacia ti del corazón de Vairochana, el Padre-Madre, y te herirá una luz tan brillante cuyo resplandor apenas serás capaz de soportar. Acompañando a esta luz, brillará una empañada claridad blanca proveniente de los devas, que alcanzará tu frente (37). En virtud del poder del karma malo, la espléndida luz azul de sabiduría del Dharma-Dhatu producirá en ti miedo y terror y huirás. En aquel momento, no debes espantarte de la divina luz azul que aparecerá brillante, deslumbradora, espléndida, ni debes quedar sorprendido a causa de ella. Es la luz del Tathagata (Buda), llamada la Luz de la Sabiduría del Dharma-Dhatu. Pon en ella tu fe, cree en ella, ruega y piensa en lo más profundo de ti que es la luz salida del corazón de Bhagavan Vairochana venida para recibirte en los pasajes difíciles del Bardo. Esta luz es la luz de la gracia de Vairochana. No seas, pues, atraído por la empañada luz de los devas. No te inclines hacia ella, no seas débil. De unirte a ella, vagarás por las moradas de los devas y serás arrojado a los torbellinos de los Seis Lokas. Lo que no es sino un medio para detenerte en la vía de la Liberación. No mires esta luz empañada, mira la brillante luz azul, con fe profunda, concentra ardientemente tu pensamiento en Vairochana y repite conmigo esto: «¡Ay!, cuando errante en el Samsara a causa de una intensa estupidez, por el radiante camino de la luz de la sabiduría del Darma-Dhatu, pueda conducirme el Bhagavan Vairochana; pueda la

Divina Madre del Espacio infinito seguirme; pueda ser conducido con seguridad a través de las emboscadas del Bardo; pueda ser colocado en el estado del Todo perfecto Buda.»

Diciendo esto con fe humilde y profunda, te fundirás en el halo del arco iris luminoso del corazón de Vairochana y obtendrás el estado de Buda en el Sambhog-Kaya, el reino central de la Densa Concentración (38).

SEGUNDO DÍA

Pudiera ocurrir que no obstante esta confrontación, el muerto, a causa de la fuerza de la cólera o de su karma oscureciente, dejándose alarmar por la luz espléndida, huyese, o se dejase dominar por las ilusiones a pesar de las palabras dichas. Entonces, el segundo día Vajra-Sattva y las deidades que le rodean, así como las malas acciones del muerto que le han valido el infierno, vendrían a acogerle. Para la confrontación, en este caso, es preciso llamar al muerto por su nombre y decirle: «¡Oh noble hijo!, escucha sin distraerte. El segundo día, la pura forma del agua brillará como una luz blanca. En este momento, del reino de la sabiduría preeminente que es el reino azul oscuro del Este, el Bhagaván Akshobhya Vajra-Sattva de color azul, teniendo en su mano el dorje (39) de cinco ramas, sentado en el trono del elefante y enlazado por la Madre Mamak, se te aparecerá rodeado de los Bodisatvas: Kshitigarbha y Maitreya, y las Bodisatvas femeninas Lase-ma y Pusfema (40). Estas seis divinidades búdicas se te aparecerán. Entonces el agregado de tu principio de conciencia en su forma más pura, a saber «La Sabiduría, semejante al Espejo», brillará cual una luz clara, radiante y blanca que sale del corazón de Vajra-Sattva, el Padre-Madre. Tan deslumbradora, brillante y transparente, que apenas podrás mirarla, y esta luz brotará hacia ti. Una empañada claridad gris ahumada proveniente del Infierno aparecerá junto a la luz de la «Sabiduría, semejante al Espejo» y vendrá también a herirte. Entonces, por la fuerza de la cólera, quedarás sorprendido y aterrado a causa de la luz blanca y querrás huir; y te sentirás atraído por la empañada luz gris ahumada del Infierno. Obra de tal modo que no seas espantado por la luz blanca, brillante y transparente. Reconócela como siendo la luz de la sabiduría. Pon en ella tu fe humilde y profunda, pues es la luz de la gracia de Bhagavan Vajra-Sattva. Piensa con fe «Ella será mi refugio» y ruega. Tienes ante ti al Bhagavan Vajra-Sattva llegando a recibirte y te salvarás de los temores y horrores del Bardo. Cree en su Luz, que es «El gancho de los rayos de la gracia» (41), mediante el cual Vajra-Sattva te salvará. No seas atraído por la empañada claridad gris ahumada del Infierno. Es el mal karma acumulado por la cólera violenta quien abre este camino. Si sigues esta atracción caerás en los mundos-infiernos, donde tendrás que soportar una gran miseria sin que te sea determinado un tiempo fijo para salir de ella. Esto sería una interrupción destinada a detenerte en la vía de la Liberación. No mires, pues, en torno tuyo, evita la cólera (42). No seas atraído por todo esto. No seas débil. Cree en la blanca Luz deslumbradora y brillante y, poniendo tu corazón en Bhagavan Vajra-Sattva, di: «¡Ay!, en el momento en que yerre por el Samsara por obra del poder de la cólera violenta, en el camino luminoso de la Sabiduría seme- jante al Espejo, ¡ojalá pueda ser conducido por Bhagavan Vajra-Sattva! ¡Pueda la Divina Madre Mama-ki seguirme y protegerme! ¡Pueda ser conducido con seguri- dad a través de las emboscadas del Bardo y alcanzar el estado perfecto de Buda!» Diciendo esto con fe humilde y profunda te fundirás en el halo del arco iris del co- razón de Bhagavan Vajra-Sattva y obtendrás el estado de Buda en el Sambhoga- Kaya del reino del Este, llamado el reino de la Suprema Dicha.

TERCER DÍA

Sucede que a pesar de esta confrontación, a causa del peso del mal karma y por obra del orgullo, ciertos muertos escapan al «gancho de los rayos de la gracia». Para los tales, el Bhagavan Ratna-Shambhava (43) y las deidades que le acompañan a lo largo del camino luminoso del Mundo humano, vendrán a acogerles el tercer día.

Llamando aún al muerto por su nombre, decid la confrontación de este modo: «¡Oh noble hijo!, escucha sin distraerte. El tercer día, la forma primordial del elemento tierra brillará como una luz amarilla. En este momento, viniendo del reino del Sur, dotado de gloria, el Bhagaván Ratna-Sambhava, de color amarillo, llevando en su mano una joya, sentado en el trono del caballo y enlazado por la Madre Divina Sangyay-Chanma (44), vendrá hacia ti en todo su brillo. Los dos Bodisatvas: Akasha- Garbha (45) y Samanta Bhadra (46), seguidos de los Bodisatvas femeninos Mahlaima y Dhupema (47)—en total seis formas búdicas—, brillarán sobre ti en un halo de arco iris. El agregado del tacto en su forma primitiva estará representado por el fulgor amarillo de la Sabiduría de la Igualdad. Este fulgor, de un amarillo deslumbrador, glo- rificado con círculos y círculos satélites de radiación, tan claro, tan brillante, que el ojo apenas puede mirarle, brotará hacia ti. Junto a esta luz, tocándola, un empañado resplandor azul-amarillo, reflejo del Mundo humano, te herirá el corazón al mismo tiempo que la luz de la Sabiduría. Entonces, a causa de la fuerza del egoísmo, tendrás miedo de la luz amarilla brillante y querrás huir. Por el contrario, atraído serás por el empañado resplandor azul-amarillo del Mundo humano. En tal momento, no temas a la deslumbrante luz amarilla, transparente, y reconócela como siendo la de la Sabi- duría; resignando firmemente tu espíritu, cree en ella con firmeza y humildad. Si eres capaz de reconocerla mediante la irradiación de tu propio intelecto—incluso si no practicas la humildad, la fe y el rezo—, el divino cuerpo de la Luz se fundirá contigo inseparablemente y obtendrás el estado de Buda. De no poder reconocer la radiación de tu propia inteligencia, piensa con fe: «Es la radiación de la gracia de Bhagaván Ratna-Sambhava. En ella buscaré mi refugio», y entonces ruega, pues es el «gancho de los rayos de la gracia» del Bhagaván Ratna-Sambhava; cree, sí, en esta luz, Y no seas atraído por el empañado fulgor azul-amarillo del Mundo humano. Es la acumu- lación de tus inclinaciones y de tu violento egoísmo lo que ha abierto este camino. Si eres atraído hacia él, renacerás en el Mundo humano y tendrás que sufrir el naci- miento, la vejez, la enfermedad y la muerte. No tendrás la suerte de salir del pantanoso bache de la existencia del Mundo. Se trata de una interrupción destinada a detenerte en la vía de la Liberación. No mires nada, abandona el egoísmo, abandona las inclinaciones, no seas atraído hacia todas esas cosas, no seas débil. Obra creyendo en la luz brillante y deslumbradora. Pon tu pensamiento ardiendo de concentración en el Bhagaván-Sambhava y di lo siguiente: «¡Ay!, en el momento en que yerre por el Samsara, a causa de la fuerza del egoísmo, por el camino de la Sabiduría y de la igualdad, ¡ojalá pueda recibirme el Bhagavan Ratna-Sambhava! ¡Pueda la Divina Madre, «Ella que tiene el ojo de Buda», seguirme! ¡Pueda ser conducido con toda seguridad a través de las emboscadas del Bardo, y llegar al estado enteramente perfecto de Buda.»

Di esto con humildad profunda y te fundirás en el arco iris del corazón de Bhagavan Ratna-Sambhava, el divino Padre-Madre, y alcanzarás el estado de Buda en el Sam-bogha-Kaya del reino del Sur dotado de Gloria.

CUARTO DÍA

Mediante tales concentraciones, por débiles que sean las facultades mentales, se obtendrá sin duda la Liberación. No obstante, a pesar de estos avisos repetidos, numerosos son los hombres que han creado mucho karma malo, o que han faltado a sus votos, o que aún no han merecido un desarrollo más elevado; y entonces incapaces son de reconocer todo esto. Su ignorancia, su mal karma, ocasionado por los deseos inmoderados y la avaricia, hacen que sean espantados por sonidos y radiaciones, y que huyan.

Si el muerto es de éstos, al cuarto día Bhagavan Ami-tabha (48) y las divinidades que le rodean, seguidas del fulgor del Preta-Loka causado por la avaricia y el aferramiento a los vicios, saldrán simultáneamente a recibirle.

Entonces, llamad de nuevo al muerto por su nombre y decid: «¡Oh noble hijo!, escucha sin distraerte. El cuarto día, la luz roja, que es la forma primera del elemento «fuego», brillará. En aquel momento, del Reino occidental y rojo de la Dicha, el Bhagaván Buda Amitabha, de color rojo, llevando en su mano un loto, sentado en el trono del pavo real y enlazado por la Divina Madre Gokarmo (49), aparecerá ante ti en unión de los Bodisatvas Gherazee y Jampal (50) y de las Bodisatvas femeninas Ghirdima y Aloke (51). Estos seis cuerpos de Iluminación brillarán ante ti en medio de una aureola de luz. La forma primitiva del agregado de las sensaciones, representada por la luz roja de la Sabiduría de todo discernimiento, de un rojo brillante, espléndido, deslumbrador, saliendo del corazón del Divino Padre-Madre Amitaba brotará junto a tu corazón tan brillante, que apenas podrás mirarla. Pero no la temas. Acompañando a esta luz, un empañado resplandor rojizo venido del Preta-Loka (52) brillará también hacia ti. Obra de modo que no seas atraído por él. Abandona toda afición a la debilidad. En aquel momento, por la fuerza intensa de esta afición, quedarás aterrorizado por la deslumbrante luz roja y huirás. Te sentirás atraído por el empañado resplandor rojizo del Preta-Loka. Pues bien, que no te espante la espléndida luz roja deslumbradora, transparente y radiante. Si eres capaz de reconocerla como siendo la de la Sabiduría y hacer que tu espíritu permanezca resignado, te fundirás en ella y alcanzarás el estado de Buda. Caso de no poder reconocerla, piensa: «Son los rayos de la gracia de Bhagaván Amitaba, en la cual buscaré mi refugio», y ruégale con humilde fe. Es el «gancho de los rayos de la gracia» de Buda Amitaba. Ten confianza, no le huyas. Incluso si le huyes, la Luz te seguirá, pues es inseparable de ti. No tengas miedo. No seas atraído por el empañado resplandor rojizo del Preta-Loka. Es el resplandor causado por la acumulación de tus sentimientos de inclinación al Samsara que se manifiestan en ti. De permanecer unido, caerás en el mundo de los espíritus desgraciados y tendrás que sufrir hambre y sed intolerables. Ninguna posibilidad tendrás de alcanzar la Liberación en este estado (53). Es una interrupción que obstruye para ti la vía de la Liberación. No te aferres a nada, abandona tus tendencias habituales. No seas débil. Cree en la brillante y deslumbradora luz roja. Concentra tu fe en el Bhagaván Amitaba, el Padre-Madre, y di: «¡Ay!, en el momento en que yerre en el Samsara a causa del poder de la intensa inclinación, en el radiante camino del Saber de todo discernimiento, ¡ojalá me conduzca Bhagaván Amitaba! ¡Pueda la Divina Madre, «la que va vestida de blanco», seguirme para preservarme! ¡Pueda ser conducido con seguridad a través de las emboscadas del Bardo y ser colocado en estado perfecto de Buda!»

Pensando así, con fe humilde y profunda, te fundirás en el halo del arco iris del corazón del Bhagaván Amitaba y alcanzarás el estado de Buda en el Sambogha-Kaya del Reino deí Oeste, llamado el Reino feliz.

QUINTO DÍA

Imposible que de este modo no seas liberado. No obstante, a pesar de esta confrontación, ciertos seres animados por una demasiado larga asociación con sus tendencias, vueltos incapaces de abandonar sus costumbres y cargados del mal karma de la envidia, son aterrorizados por los sonidos y los rayos. «El gancho de los rayos de la gracia», no habiendo podido cogerles, obligados se ven a rondar hasta el quinto día.

Si se forma parte de estos seres animados, este día el Bhagaván Amogha-Siddhi (54), rodeado de sus divinidades y de los luminosos rayos de su gracia, vendrá a recibiros. La confrontación consiste en llamar al muerto por su propio nombre y decirle: «¡Oh noble hijo!, escucha sin distraerte. El quinto día, la luz verde de la forma primitiva del elemento «aire» brillará sobre ti. En este momento, del Reino del Norte del cumplimiento feliz de las mejores acciones, el Bhagaván Buda Amogha-Siddhi, de color verde, llevando en su mano el dorje crucial (55), sentado en el trono de las arpías volantes (56), enlazado por la Divina Madre, la Fiel Dolma (57), brillará sobre ti con sus asistentes, los dos Bodisatvas: Chag-na-Dorje y Dibpanamsel (58), seguidos de las dos Bodisatvas femeninas Gandhema y Nidhema (59). Estas seis formas búdicas brillarán en un halo de luz.»

El agregado de la voluntad, en su forma primitiva de la luí de la Sabiduría que puede realizar todo, de un verde sorprendente, transparente, radiante, magnífico y aterrorizante, rodeado de orbes de radiación, saliendo del corazón del Divino Padre-Madre Amogha-Siddhi como un rayo verde deslumbrante, te herirá en el corazón y apenas serás capaz de mirarle. No le temas. Es el poder natural de la sabiduría lo que estarás mirando. Permanece con gran resignación y con toda impasibilidad.

Acompañando a esta luz verde, un empañado resplandor verde oscuro, causado por los sentimientos de envidia, vendrá del Asura-Loka a brillar sobre ti. Medita a propósito de él con toda imparcialidad, sin repulsión, sin atracción. No te aferres a esta luz. Si tienes una potencia mental débil, no sientas afecto hacia ella. Entonces, por la influencia de la envidia intensa, quedarás aterrorizado por la deslumbrante radiación de la luz verde y querrás huir. Te sentirás atraído por el empañado resplandor verde oscuro del Asura-Loka. No temas, sin embargo, a la luz verde magnífica, transparente, radiante y deslumbradora; reconócela como siendo la de la Sabiduría y, en este estado, permite a tu espíritu que se fije en la resignación. O bien piensa: «Es el gancho de los rayos de la gracia» de Bhagaván Amogha-Siddhi, que es la Sabiduría que realiza todo.» Cree también esto. No huyas. Incluso si huyes, la luz verde te seguirá, pues es inseparable de ti. No tengas miedo de ella. No seas atraído por el empañado verde oscuro del Asura-Loka. Es el karma adquirido de la envidia intensa que viene a recibirte. Si te dejas atraer por él caerás en el Asura-Loka, en donde tendrás que soportar intolerables desdichas, querellas y guerras. Se trata de una interrupción para detenerte en la vía de la liberación. Abandona tus tendencias habituales. No seas débil. Ten fe en la claridad verde deslumbradora y, concentrando tu pensamiento entero en el divino Padre-Madre, el Bhagaván Amogha-Siddhi, di esto: «¡Ay!, en el momento en que yerre en el Samsara en virtud de la fuerza de la intensa envidia, en el camino radiante de la Sabiduría que realiza todo, ¡ojalá pueda conducirme el Bhagaván Amogha-Siddhi! ¡Pueda la Divina Madre, la Fiel Tara, seguirme a través de vaguardarme, y ser conducido con seguridad a través de las emboscadas del Bardo! ¡Y pueda ser colocado en el estado todo perfecto de Buda!»

Pensando así, con toda fe y humildad, te fundirás en el halo de luz del arco iris del corazón del Divino Padre-Madre, el Bhagaván Amogha-Siddhi, y alcanzarás el estado de Buda en el Sambogha-Kaya del Reino del Norte de las Buenas acciones acumuladas (60).

SEXTO DÍA

Siendo así confrontado en cada pasaje, por débiles que sean sus relaciones kármicas, la muerte ha debido ser reconocida en uno u otro de ellos. No obstante, a pesar de las confrontaciones frecuentes hechas de este modo, un ser con fuertes tendencias, pero carente del hábito de la Sabiduría y de un puro afecto hacia ella, puede ser atraído hacia atas por el poder de sus malas tendencias personales a despecho de las numerosas advertencias dadas. El «gancho de los rayos de la gracia», no habiendo podido cogerle, este ser puede errar bajando siempre a causa de los sentimientos de temor y de terror que le hayan causado las luces y las radiaciones. Entonces, todos los Divinos Padres-Madres de los cinco Órdenes de Dhyani-Budas, así como sus asistentes, brillarán sobre él simultáneamente. En el mismo momento, los fulgores procedentes de los seis Lokas brillarán también.

La confrontación se hace llamando al muerto por su nombre y diciendo: «¡Oh noble hijo!, hasta ayer cada una de las Divinidades de los cinco Ordenes se te ha aparecido una tras otra y has sido confrontado con ellas, pero a causa de la influencia de tus malas tendencias te has asustado y aterrorizado viéndolas y has permanecido en el Bardo hasta ese momento. Si hubieses reconocido a las radiaciones de los cinco Ordenes de la Sabiduría como siendo emanaciones de tus propias formas-pensamientos, hubieses obtenido el estado de Buda en el Sambogha-Kaya, mediante la absorción de un halo de arco iris de luz en uno de los cinco Ordenes de Budas. Mira, pues, ahora sin distraerte. Las luces de los cinco Órdenes, llamadas las Luces de la Unión de las cuatro sabidurías (61), van a venir ahora para recibirte. Obra de modo que puedas reconocerlas.

¡Oh noble hijo!, en este sexto día los cuatro colores del estado primordial de los cuatro elementos (agua, tierra, fuego, aire) lucirán sobre ti simultáneamente. En este momento, del Reino Central de la Fuerza proyectiva del Germen, el Buda Vairochana, el Divino Padre-Madre y sus asistentes vendrán para brillar sobre ti. Del Reino del Este de la suprema felicidad, el Buda Vajra-Sattva, el Divino Padre-Madre, con sus asistentes vendrán a brillar sobre ti. Del Reino del Sur dotado de Gloria, el Buda Ratna-Sambhava, el Divino Padre Madre y sus asistentes vendrán a brillar sobre ti. Del Reino Feliz del Oeste, el de los lotos amontonados, el Buda Amitaba, el Divino Padre-Madre y sus asistentes vendrán para brillar sobre ti. Del Reino del Norte, el de las Buenas acciones perfectas, el Buda Amogha Siddhi, el Divino Padre-Madre y sus asistentes vendrán en un halo de Luz para brillar sobre ti en este momento.

¡Oh noble hijo!, formando un círculo exterior rodeando a esos cinco pares de Dhyani Budas, los cuatro Guardianes de las Puertas, los que están irritados: el Victorioso, el Destructor del Señor de la Muerte, el Rey de cuello de caballo, el Urna de Néctar, con las cuatro Guardianas de las Puertas: la Portadora de Aguijón, la Portadora del Lazo, la Portadora de la Cadena, la Portadora de la Campana, así como el Buda de los Devas, llamado «El del Poder Supremo»; el Buda de los Asuras, llamado «Fuerte Complexión»; el Buda de la Humanidad, llamado «El León de los Shakyas»; el Buda del mundo bruto, llamado «el León inquebrantable»; el Buda de los tretas, llamado «El de la boca inflamada», y el Buda de los Mundos Inferiores, llamado «El Rey de la Verdad», todos, los ocho Padres-Madres guardianes de las Puertas, y los seis Amos, los Victoriosos, vendrán también a brillar delante de ti (62).

El Padre universalmente bueno y la madre universalmente buena, los grandes antepasados de todos los Budas Sa-manta-Bhadra y Samanta Bhadra, el Divino Padre y la Divina Madre, estos dos también se te aparecerán en todo su brillo. Estas cuarenta y dos deidades dotadas de perfección, salidas de tu corazón producidas por tu amor (63), vendrán para brillar. Reconócelas.

¡Oh noble hijo!, esos reinos no han llegado de un punto exterior. Vienen de las cuatro divisiones de tu corazón, que, comprendiendo en él el centro, hace las cinco direcciones. De tu corazón salen y para ti brillan. Las deidades tampoco vienen de parte alguna fuera de ti mismo; existen de toda eternidad en las facultades de tu propia inteligencia. Sabe reconocer en ellas esta naturaleza.

¡Oh noble hijo!, la talla de todas estas divinidades no es ni grande ni pequeña, sino proporcionada. Cada una de ellas tiene sus ornamentos, sus colores, sus aptitudes, sus tronos y sus emblemas. Estas deidades están formadas en grupos de cinco pares, estando cada uno de los grupos rodeados de un quíntuple círculo de radiaciones, los Bodi-satvas masculinos comparten la naturaleza del Divino Padre, y las Bodisatvas femeninas comparten la de la Divina Madre. Todos estos divinos conclaves vendrán a brillar sobre ti en un conclave único y completo. Son tus divinidades tutelares personales. Reconócelas como tales.

¡Oh noble hijo!, de los corazones de los Divinos Padres-Madres de los Cinco Ordenes, los rayos de la Luz de las Cuatro sabidurías unidos, extremadamente claros y hermosos, como rayos de sol hilados, vendrán a brillar sobre ti y a herir tu corazón. Sobre esta vía de Luz vendrán a brillar magníficos orbes de luz azul emitiendo rayos: la sabiduría del Dharma-Dhatu ella misma, cada rayo apareciendo como un tazón de turquesa vuelto, rodeado de orbes similares de talla más pequeña. Magnífico, deslumbrador, radiante, transparente, cada rayo, vuelto aún más magnífico por cinco orbes más pequeños, dirigidos todos alrededor de cinco estrellas de luz de la misma naturaleza sin dejar ni el centro ni los bordes sin la gloria de los orbes grandes y pequeños.

Del corazón de Vajra-Sattva la blanca vía de luz de la Sabiduría semejante al Espejo, blanca, transparente, magnífica, deslumbradora, espléndida y aterrorizante, vuelta aún más magnífica por orbes rodeados de orbes más pequeños de luz transparente y radiante, brillantes cada uno como un espejo caído, vendrá a brillar sobre ti. Del corazón de Ratna-Sambhava, la vía de luz amarilla de la Sabiduría de la Igualdad, con orbes amarillos como copas de oro vueltas, rodeadas de orbes más pequeños y éstos de otros aún más pequeños, vendrán a brillar sobre ti. Del corazón de Amitaba, la transparente vía de la luz de la Sabiduría Omnisciente, sobre la cual orbes como copas de coral vueltas emitirán los rayos de la Sabiduría, extremadamente brillantes y deslumbradores, cada uno de ellos glorificado de cinco orbes de la misma naturaleza, no dejando ni el centro ni los bordes sin la glorificación de orbes satélites más pequeños, vendrán a brillar sobre ti. Todos vendrán simultáneamente a brillar sobre tu corazón.

¡Oh noble hijo!, todas estas radiaciones son las de tus facultades intelectuales venidas a brillar para ti. No vienen del exterior. No seas atraído hacia ellas, no seas débil, no te aterres; al contrario, establécete en el mundo de la «no formación del pensamiento» (64). En este estado, todas las formas, todas las radiaciones se fundirán en ti y el estado de Buda será obtenido por ti. La vía de luz verde de la Sabiduría de las Acciones perfectas no brillará para ti, pues la facultad de Sabiduría de tu intelecto no ha sido perfeccionada en su desarrollo.

¡Oh noble hijo!, estas vías de Luz son llamadas las Luces de las cuatro Sabidurías unidas, de donde procede la que es denominada el Camino Interior que atraviesa Vajra Sattva. En este momento debes acordarte de las enseñanzas de la confrontación que has recibido de tu Gurú. Si has recordado el sentido de estas confrontaciones, habrás reconocido todas estas luces que han brillado sobre ti como siendo simple reflejo de tu propia luz interior. Y habiéndolas reconocido, cual reconocerías a amigos queridos, habrás creído en ellas y habrás comprendido su encuentro como un hijo comprende el de su Madre. Creyendo en la naturaleza incambiable de la Pura y Santa Verdad, habrás hecho deslizar en ti la onda tranquila de Samadhi; y, habiendo buceado en el cuerpo de la inteligencia perfectamente evolucionada, habrás obtenido el estado de Buda en el Sambogha-Kaya, de donde no se está de vuelta.

¡Oh noble hijo!, al mismo tiempo que las radiaciones de la Sabiduría, las luces de impura ilusión de los seis Lokas brillarán también. Si estableces esta cuestión: ¿quiénes son? Pues son: un empañado fulgor blanco de los devas, un empañado fulgor verde de los asuras (65), un empañado fulgor amarillo de los seres humanos, un empañado fulgor azul de los brutos, un empañado fulgor rojizo de los pretas y un empañado fulgor gris del humo del Infierno. Estos seis fulgores aparecerán al borde de las seis radiaciones de Sabiduría. Por lo mismo, na te espantes ni seas atraído por ninguno de ellos; al contrario, permanece en el reposo de la «no formación de pensamiento». Si te dejas espantar por las radiaciones de la sabiduría y atraer por los impuros fulgores de los seis Lokas, entonces tendrás que tomar un cuerpo en uno de los seis Lokas y sufrir los dolores de los Samsaras. Y no saldrás jamás del océano del Samsara y serás arrastrado de aquí para allá por sus olas y obligado a participar de todos los sufrimientos que allí se encuentran.

¡Oh noble hijo!, si eres de los que no han merecido escuchar las palabras escogidas de un gurú, miedo tendrás de las radiaciones de la Sabiduría y de las deidades que verás allí abajo. Espantado de este modo, serás atraído hacia los impuros objetos samsáricos. No obres así. Cree humildemente en la pura y deslumbrante radiación de la Sabiduría. Forma tu espíritu en esta fe y piensa: «Las compasivas radiaciones de la Sabiduría de los Cinco Ordenes de Budas han llegado hasta mí por piedad. En ellas tomaré mi refugio.» No cediendo a la atracción de los ilusiónanos fulgores de los seis Lokas, y dirigiendo todo tu espíritu en concentración hacia los Divinos Padres y Madres de los Budas de los Cinco Ordenes, pronuncia estas palabras: «¡Ay!, en el momento en que yerre en el Samsara, por la potencia de los cinco venenos virulentos (66), sobre la radiante vía de luz de las cuatro Sabidurías unidas, ¡ojalá puedan conducirme los cinco Conquistadores Victoriosos! ¡Puedan los Cinco Órdenes de Divinidades Madres seguirme! ¡Pueda ser salvado de las vías de los fulgores impuros de los seis Lokas y, libre de las emboscadas del Bardo temido, pueda ser colocado en los cinco Divinos Reinos de la Pureza!

Mediante este rezo conocerás tu propia luz interior y hundiéndote en ella alcanzarás en un momento el estado de Buda. Mediante una fe humilde, el más vulgar creyente llega a conocerse a sí mismo y a obtener la Liberación. Hasta los más humildes, por la fuerza de una oración pura, pueden cerrar las puertas de los seis Lokas, y comprendiendo el verdadero sentido de las cuatro Sabidurías unidas, obtener el estado de Buda por las vías que atraviesa Vajra-Sattva. Así, mediante esta confrontación, detallada, los que están destinados a la Liberación serán conducidos a conocer «la Verdad» y en mucho, mediante ello, alcanzarán la Liberación. Los peores entre los malos, pesadamente cargados de mal kartna, no habiendo observado religión alguna, y muchos de los que hayan faltado a sus votos, impedidos de reconocer la confrontación por la fuerza de las ilusiones kármicas, no conociendo la Verdad, se alejarán descendiendo (67).

SÉPTIMO DÍA

En el séptimo día, las Divinidades poseedoras del Saber vendrán, desde los santos reinos paradisíacos, para recibir al muerto. Al mismo tiempo, el camino del mundo bruto, creado por las pasiones oscurecientes y la estupidez, se abrirá para recibirle. La confrontación en este momento se hace llamando al muerto por su nombre de este modo: «¡Oh noble hijo!, escucha sin distraerte. El séptimo día, las radiaciones de diversos colores de las tendencias purificadas vendrán para brillar. Al mismo tiempo, las Deidades poseedoras del Saber llegarán desde los santos reinos paradisíacos para recibirte. En el centro del Círculo, aureolado con una radiación de luz de arco iris, el Supremo Detentador del Saber, el Loto señor de la danza, el Supremo Poseedor del Saber, que madura los frutos del Karma, radiante con los cinco colores, enlazado por la Madre, la Dakini roja (68); él, portador de un cuchillo curvo y un cráneo lleno de sangre, danzando y haciendo el mudra (69) de fascinación, con su mano derecha levantada, vendrá a brillar ante ti. Al este del círculo, la deidad llamada el Poseedor del Saber que permanece en tierra, de color blanco, con expresión graciosamente sonriente, enlazado por la Dakini blanca, la Madre, llevando un cuchillo curvo y un cráneo lleno de sangre, danzando y haciendo el mudra de fascinación (70), vendrá a brillar. Al sur del círculo, la deidad poseyendo el Saber llamado: Aquel que tiene poder sobre la duración de la vida, de color amarillo, radiante y sonriente, enlazado por la Dakini amarilla, la Madre, llevando un cuchillo curvo y un cráneo lleno de sangre, danzando y haciendo el mudra de fascinación, vendrá a brillar. Al oeste del círculo, la deidad llamada: Aquel que tiene el Saber del Gran Símbolo, de color rojo, radiante y sonriente, enlazado por la Dakini roja, la Madre, trayendo una hoz y un cráneo lleno de sangre, danzando y naciendo el mudra de fascinación, vendrá a brillar. Al norte del círculo, la deidad llamada: Aquel que tiene el Saber evolucionado por sí mismo, de color verde, con expresión semi-enfadada semi-sonriente, radiante, enlazado con la Dakini verde, la Madre, llevando un cuchillo recurvado y un cráneo lleno de sangre, danzando y haciendo el mudra de fascinación, vendrá a brillar. Sobre el círculo exterior, alrededor de esos Detentadores del Saber, bandas innumerables de Dakinis: Dakinis de los ocho lugares de cremación, Dakinis de las cuatro clases, Dakinis de las tres mansiones, Dakinis de los treinta lugares santos y de los veinticuatro peregrinajes de los héroes y heroínas, de los guerreros celestiales de las deidades protectoras de la Fe masculinas y femeninas, adornada cada una con seis ornamentos de huesos, llevando tambores y trompetas hechas con fémures, tamboriles de cráneos humanos, estandartes gigantescos que diríase hechos de piel humana (71), dados y emblemas de piel humana, haciendo humear el incienso con grasa humana, llevando innumerables clases de instrumentos de música, llenando todos los sistemas del Mundo y haciéndolos vibrar, moverse, temblar mediante sonidos suficientemente poderosos como para aturdir el cerebro y danzando ritmos variados, vendrán á recibir al fiel y a castigar al infiel.

¡Oh noble hijo!, cinco radiaciones sazonadas con el Saber nacido simultáneamente (72), que son las tendencias purificadas, vibrantes, deslumbradoras como hilos de colores, semejantes a relámpagos, radiantes, transparentes, magníficas, inspirando miedo, saldrán de los corazones de las cinco Divinidades principales que tienen el Saber y herirán tu corazón; tan brillantes serán que el ojo no podrá soportar el mirarlas.

En este mismo momento, un empañado fulgor azul, llegado del mundo bruto, aparecerá a lo largo de las radiaciones de Sabiduría. Y mediante la influencia de las ilusiones y de las tendencias, quedarás espantado por las radiaciones de los cinco colores y desearás huir de ellas, sintiéndote atraído, por el contrario, por el empañado fulgor del mundo bruto. Ahora bien, que la brillante radiación de los cinco colores no te espante ni te aterrorice; conoce, al contrario, esta Sabiduría como siendo la tuya.

En estas radiaciones, el sonido natural de la Verdad repercutirá cual millares de truenos. El sonido llegará como ondas que viniesen rodando, y se escuchará: «¡Mata, mata!», y los manirás que inspiran miedo (73). Pero no temas No huyas. No te aterrorices. Conoce todo ello como siendo las facultades intelectuales de tu propia luz. Y no te sientas atraído hacia el fulgor empañado y azul del mundo bruto; no seas débil. De ser atraído, caerás en el mundo bruto donde la estupidez domina y sufrirás las miserias ilimitadas de la esclavitud, del mutismo y de la tontería. Y pasará mucho tiempo antes que puedas salir de allí. No seas atraído por esto. Pon tu fe en la brillante y deslumbradora radiación de los cinco colores. Concentra tu espíritu en las deidades «Conquistadoras detentadoras el Saber». Piensa tan sólo esto: «Las deidades que tienen el Saber, los Héroes y las Dakinis han venido de los santos reinos de los paraísos, para recibirme. A todos les suplico. Hasta este día, bien que los cinco Órdenes de Budas de los tres tiempos hayan hecho el esfuerzo de enviar los rayos de su gracia y compasión, yo no había sido, no obstante, salvado por ellos. ¡Desdichado de un ser como yo! Puedan las Deidades que tienen el Saber no dejarme ir más abajo de aquí. Al contrario, cogiéndome con el gancho de su compasión, condúzcanme al paraíso.»

Para ello, y sin distraerte, pronuncia estas palabras: «¡Oh tú, Deidad que tienes el Saber, escúchame, te lo suplico! ¡Condúceme por la vía de tu gran amor! Cuando yerre en el Samsara, a causa de mis tendencias intensificadas, por el brillante camino de la Luz del Saber nacido simultáneamente, ¡que las tropas de Héroes, Ellos que tienen el Saber, puedan conducirme! ¡Puedan seguirme las tropas de las

Madres, las Dakinis, para protegerme y salvarme de las terribles emboscadas del Bardo y dejarme en los puros reinos del paraíso!»

Rogando de este modo, con fe y humildad profundas, no es dudoso que se pueda nacer en los puros reinos de los paraísos (74), tras haberse fundido como luz de arco iris con las Deidades que tienen el Saber.

Los hombres sabios (pandits) de todas clases, llegando a conocer este período de preparación, obtienen con él la Liberación; incluso los de malas tendencias pueden estar seguros de ser liberados aquí.

Y con esto termina la parte del Gran Thodol concerniente a la confrontación con las Divinidades Apacibles del Chonyid Bardo y la puesta cara a cara con la Clara Luz del Chikhai Bardo.

EL ALBA DE LAS DIVINIDADES IRRITADAS DEL 8º AL 14º DÍA

INTRODUCCIÓN

Ahora debe ser descrita el alba de las Divinidades Irritadas. En el Bardo precedente de las Divinidades Apacibles, había siete períodos de emboscadas. La confrontación en cada período hubiera debido hacer reconocer uno u otro de los períodos y dar la Liberación. Millares de seres serán libertados mediante este reconocimiento; y bien que una multitud obtiene la liberación de este modo, siendo el número de seres sensibles grande, poderoso el mal karma, los oscurecimientos densos, las tendencias muy largamente conservadas, la Rueda de la Ignorancia y de la Ilusión continúa dando vueltas sin ser detenida ni acelerada. Bien que todos sean confrontados de este modo detalladamente, una gran mayoría continúa vagando y descendiendo sin ser liberada. Por consiguiente, tras la cesación de la aparición de las Divinidades Apacibles y Detentadoras del Saber, que han venido a acogerle, aparecerán las 58 Divinidades rodeadas de llamas, irritadas, bebedoras de sangre, que no son otra cosa sino las Divinidades Apacibles bajo un nuevo aspecto. Aparecerán de modo diferente, según el lugar ocupado en el cuerpo Bárdico del muerto por el centro psíquico que las emite (75). Se trata ahora, pues, del Bardo de las Divinidades Irritadas, y como éstas están influidas por el miedo, el terror y el temor, el reconocimiento se torna más difícil. No ganando el intelecto en independencia, pasa de un estado de desfallecimiento a una serie de estados semejantes. No obstante, si se tiene un fulgor de conocimiento, es más fácil ser liberado en este período de preparación. De preguntar por qué, se responderá: a causa de la aparición de las radiaciones que, producto del miedo, del terror o del temor, mantienen al intelecto concentrado y en estado de alerta sin dejarle caer en distracciones. De no encontrar en este período esta enseñanza, el entendimiento, aunque fuese tan vasto como el océano en ciencia religiosa, de nada le serviría su saber. Puede haber abates detentadores de la disciplina, doctores en metafísica que, incapaces de reconocer la luz tras haber errado por este período de preparación, rondan por el Samsara. En cuanto a la gente ordinaria, ¿habrá necesidad de hablar? Huyendo por miedo, terror o temor, caen por encima de los principios en los mundos desgraciados y sufren. Pero el más humilde de los creyentes de la doctrina mística de los mantrayanas, apenas ve a las divinidades bebedoras de sangre, las reconoce como siendo sus divinidades tutelares, y su encuentro será como el de los conocimientos humanos. Creerá en ellas y fundiéndose con ellas alcanzará en la unión el estado de Buda.

Habiendo meditado acerca de las descripciones de estas divinidades bebedoras de sangre, cuando vivía en el Mundo, habiéndoles rendido homenaje, habiéndoles venerado, o al menos habiéndolas visto representadas en cuadros e imágenes, cuando vea levantarse las divinidades de este período las reconocerá, y el resultado será la liberación. En esto consiste el éxito. En cambio, cuando la muerte de los abates detentadores de la disciplina y de los doctores en metafísica que hayan permanecido ignorantes de estas enseñanzas del Bardo, por asiduamente que se hayan entregado a las prácticas religiosas y por hábiles que hayan sido en la exposición de sus doctrinas mientras vivieron, no se producirá ningún signo o fenómeno tal que el arco iris en torno a la pira funeraria, o reliquia de huesos en las cenizas. Y ello porque, durante su vida, no han guardado en sus corazones las doctrinas místicas o esotéricas, por haber hablado con desprecio y no haber conocido jamás mediante iniciación a las deidades de las doctrinas místicas, por lo que, cuando éstas aparecen en el Bardo, no las reconocen. Al ver de pronto lo que antes jamás habían visto, esta vista les es antipática y estos sentimientos de antagonismo, una vez despiertos, les hacen pasar por dolorosos estados de existencia. De ello resulta que si los observantes de las disciplinas y los metafísicos no han practicado las doctrinas místicas, signos tales que el arco iris, las reliquias de hueso y los huesos en forma de grano no aparecerán en las hogueras funerarias, y la razón de ello acaba de ser dada.

El más humilde de los creyentes mantrayánicos puede tener maneras poco refinadas, ser poco diligente y falto de tacto, no vivir en concordancia con sus votos, parecer inelegante en su manera de vestir; ser incapaz de seguir las prácticas de las enseñanzas hasta su salida. Pero que nadie, no obstante, sienta desprecio hacia todo ello, que nadie dude de él; al contrario, téngase respeto hacia las doctrinas místicas que en él anidan. Tan sólo a costa de esto se obtendrá la liberación en este período de preparación. Incluso si los actos de un ser como éste no han sido muy correctos en el mundo humano, a su muerte aparecerá por lo menos uno de los signos: arco iris, figuras de hueso, reliquias de huesos. Y esto porque la doctrina esotérica posee como don grandes ondas psíquicas. Estos creyentes místicos mantrayánicos, de un desarrollo psíquico ordinario, que han meditado sobre el proceso de la evocación de visiones y los procedimientos de perfección y practicado los mantras esenciales, no tienen que errar aquí yendo más allá del Chonyid Bardo. Una vez que su respiración cesa, son conducidos a los puros reinos paradisíacos por los Héroes y las Heroínas, y por las Deidades del Saber. En señal de todo ello, el cielo estará sin nubes, se fundirán en el fulgor del arco iris, la tierra será inundada de Sol, se sentirá un olor a incienso, música se escuchará en los cielos, se verán luces y reliquias de huesos serán halladas, y formas en las cenizas de la pira funeraria. De donde resulta que para los abates, los doctores, los místicos que han faltado a sus votos y todo el pueblo corriente, este Thodol es indispensable. Pero los que han meditado sobre la Gran Perfección y el Gran Símbolo (76), reconocerán las Claras Luces en el momento de su muerte; y, obteniendo el Dharma-Kaya, serán de aquellos para quienes la lectura de este Thodol no es necesaria. Reconociendo la Clara Luz en el momento de su muerte, reconocerán también las visiones de las Divinidades Apacibles y de las Irritadas en el Chonyid Bardo y obtendrán el Sambogha-Kaya; o, siendo reconocidos en el Sidpa Bardo, obtendrán el Ñirmana-Kaya. Entonces renacerán en los planos más altos y, en este próximo renacimiento, encontrarán esta Doctrina y gozarán de la continuidad del Karma (77). Para ellos, este Thodol es la Doctrina mediante la cual el estado de Budá puede ser alcanzado sin la meditación. La Doctrina es suficiente para liberar mediante su simple entendimiento. La Doctrina que conduce a seres abrumados por un mal Karma por el Sendero Secreto, la Doctrina que produce una diferenciación instantánea entre los iniciados y los no iniciados, es la Doctrina profunda que confiere la iluminación perfecta instantáneamente. Los seres sensibles que han sido alcanzados por ella no pueden ir a los estados desgraciados. Esta Doctrina y la del Thodol (78) reunidas son como una mándala de oro incrustada de turquesas. Reunidlas. Demostrada de este modo la naturaleza indispensable de este Thodol, he aquí que llega ahora la confrontación con el advenimiento de las Divinidades Irritadas, en el Bardo.

OCTAVO DÍA

Llamando aún al muerto por su nombre, habladle así: «¡Oh noble hijo!, escucha sin distraerte: no habiendo sido capaz de reconocer a las Divinidades Apacibles que han brillado sobre ti en el Bardo precedente, has venido vagando hasta aquí. Ahora, en el octavo día, las Divinidades Irritadas bebedoras de sangre vendrán a brillar. Obra de modo que, sin distraerte, puedas reconocerlas.

«¡Oh noble hijo!, el Grande y Glorioso Buda Heruka, de color pardo oscuro, con tres cabezas, seis manos y cuatro pies, sólidamente apoyado todo; su cara blanca por la parte de la derecha, roja por la izquierda y parda oscuía por el centro; su cuerpo arrojando brillantes llamas; sus nueve ojos sumamente abiertos con aterrorizadora fijeza; sus cejas temblorosas como relámpagos; sus dientes descubiertos, apretados y brillantes, dejando escapar gritos con sonoro «a-la-la» y silbidos «ha-ha» penetrantes; cuyos cabellos, de un amarillo rojizo, erizados siempre, lanzan rayos; sus cabezas, adornadas con cráneos humanos desecados y con emblemas del Sol y de la Luna; con serpientes negras y cabezas humanas recién cortadas formando guirnaldas en torno suyo; una rueda en la primera de sus manos de la derecha, en la del centro una espada, en la última un hacha; en la primera de sus manos de la izquierda una campana; un escalpelo humano, en la del centro, en la última una reja de arado; su cuerpo, enlazado por la madre

Buda-Krotishorima (79), que con la mano derecha sostiene su cuello y con la izquierda acerca a su boca una concha llena de sangre, mientras lanza gritos destrozantes, aullidos desgarradores y gruñidos como truenos. Emanando de ambas deidades radiantes llamas de sabiduría, brillantes, que salen por cada uno de sus poros conteniendo un dorje de fuego; manteniéndose ambas deidades con tales aspectos, cada una sobre una pierna y cruzada la otra y rígida, bajo un palio soportado por águilas cornudas (80), saldrán de tu propio cerebro y vendrán para brillar sobre ti (81). No las temas. Que no te asusten. Reconoce todo ello como simple forma corporal de tu intelecto. Reconoce que es tu divinidad tutelar y no te aterrorices. No tengas miedo, pues en realidad se trata de Bhagaván Vairochana, el Padre-Madre. En el instante mismo en que seas capaz de reconocerle, la liberación será obtenida. Si le reconoces, fundiéndote de pronto en la divinidad tutelar, el estado de Buda en el Sambogha-Kaya será ganado.»

NOVENO DÍA

Pero si se huye abrumado por el miedo y terror, entonces, al noveno día, las divinidades bebedoras de sangre del orden de Vajra vendrán a recibirte. La confrontación se hace de este modo, tras llamar al muerto por su nombre: «¡Oh noble hijo!, escucha sin distraerte. El bebedor de sangre del orden de Vajra, llamado Bhagaván Vajra-Heruka, de color azul oscuro, con tres caras, seis manos, cuatro pies sólidamente apoyados; en la primera mano derecha llevando un dorje, en la del medio un escalpelo, en la última un hacha; en la primera mano izquierda una campana, en la del centro un escalpelo y en la última una reja de arado; su cuerpo, enlazado por la Madre Vajra-Krotishorima cogiendo su cuello con la mano derecha, y con la izquierda llevándose a la boca una concha llena de sangre. Esto se producirá por la parte Este de tu cerebro y vendrá a brillar sobre ti. No temas. No te aterrorices. En realidad son el Bhagaván Vajra-Sattva, el Padre-Madre. Cree en ellos. Reconócelos y obtendrás al punto la liberación. Proclamándolos como tales, conociéndolos como tus divinidades tutelares, fundiéndote en ellos, obtendrás el estado de Buda.»

DÉCIMO DÍA

Si esta vez aún el reconocimiento no se ha realizado, por ser demasiado grandes las oscuridades producidas por las malas acciones, entonces, el décimo día, aparecerá el bebedor de sangre de la orden de la Joya, llamado Ratna-Heruka, de color amarillo, que tiene tres caras, seis manos y cuatro pies sólidamente apoyados: la cara derecha blanca, la izquierda roja, la del centro amarilla oscura, rodeado de llamas; en la primera de las tres manos de la derecha tendrá una piedra preciosa, en la del medio un tridente, en la última un bastón; en la primera mano de la izquierda una campana, en la del medio un escalpelo, en la última un tridente; su cuerpo, enlazado por la Madre Ratna-Krotis-horima, cogiéndole por el cuello con la mano derecha y llevando con la izquierda, a la boca, una concha llena de sangre. Saldrán de la parte Sur de tu cerebro y vendrán a brillar ante ti. No tengas miedo. No te aterrorices. No temas. Conóceles como siendo la forma de tu propio intelecto. Son tus deidades tutelares, no te espantes. En realidad son el Padre-Madre Bhagaván Ratna-Sambhava. Cree en ellos. Reconocerlos es obtener simultáneamente la Liberación. Proclamándolos tales, al reconocerlos como deidades tutelares, y fundiéndote con ellos, el estado de Buda será obtenido en el instante mismo.

ONCEAVO DÍA

Si no obstante esta confrontación, y por la fuerza de las malas tendencias, el terror y el miedo, impiden reconocerlos como deidades tutelares y se huye de ellos, entonces, el onceavo día, el bebedor de sangre de la orden del Loto vendrá a recibir al muerto. La confrontación se hace del modo siguiente, luego de llamar al muerto por su nombre: «¡Oh noble hijo!, el onceavo día el bebedor de sangre del orden del Loto, llamado Bhagaván Padma-Heruka, de color rojo negruzco, teniendo tres caras, seis manos y cuatro pies sólidamente apoyados; la cara derecha blanca, la izquierda azul, la del medio roja sombría; en la primera mano de la derecha llevando un loto, en la del medio un tridente, en la última una maza; en la primera mano de la izquierda una campana, en la del centro un escalpelo lleno de sangre, en la_ última un pequeño tambor; su cuerpo, enlazado por la Madre Padma-Krotishorima, cogiéndole por el cuello con la mano derecha y ofreciéndole con la izquierda una concha llena de sangre; el Padre y la Madre saldrán juntos del cuarto Oeste de tu cerebro y vendrán a brillar sobre ti. No tengas miedo por ello. No te aterrorices. No temas. Alégrate. Reconócelos como siendo producto de tu intelecto, como siendo tus deidades tutelares, y no te asustes. En realidad son el Padre-Madre Bhagaván Amitaba. Cree en ellos. Al mismo tiempo que reconoces esto, la liberación llegará. Considerándoles de este modo los hallarás como tus deidades tutelares, instantáneamente te fundirás en ellos y obtendrás el estado de Buda.»

DUODÉCIMO DÍA

A despecho de tal confrontación, atraído siempre hacia atrás por las malas tendencias, habiendo despertado el terror y el temor, pudiera ocurrir que las deidades no fuesen reconocidas, y que se huyese. Entonces, el dozavo día, las divinidades bebedoras de sangre del orden kármico, acompañadas por Kerima, Htamenma y Wang-Chugma (82), vendrán a recibir al muerto. Al no reconocerlos el terror puede producirse. Por ello la confrontación se hace llamando al muerto por su nombre, y de esta manera: «¡Oh noble hijo!, en el duodécimo día, la deidad bebedora de sangre del orden kármico llamada Karma-Heruka, de color verde oscuro, teniendo tres caras, seis manos y cuatro pies sólidamente apoyados; la cara derecha blanca, la izquierda roja y la del medio verde oscura; de apariencia majestuosa; teniendo en la primera de sus seis manos de la derecha una espada; en la de en medio un tridente; en la última una maza; en la primera mano de la izquierda una campana, en la del centre un escalpelo; en la última una reja de arado; su cuerpo enlazado por la Madre Karma-Krotishorima que la tiene por el cuello con su mano derecha y con la izquierda lleva a su boca una concha roja; el Padre y la Madre, unidos; saliendo del cuarto Norte de tu cerebro, vendrán a brillar sobre ti. No temas tal cosa. No te aterrorices. No quedes espantado. Reconóceles como manifestación de tu propio intelecto. Son tus divinidades tutelares, no te asustes. Son en realidad el Padre-Madre Bhagaván Amogha-Siddi. Cree, sé humilde, sé amante. Al mismo tiempo que este reconocimiento, vendrá la liberación.Mediante este reconocimiento, considerándoles como tus deidades tutelares, te fundirás con ellos súbitamente, y obtendrás el estado de Buda.» Ayudado por la enseñanza del gurú, se llega a reconocerles como siendo las formas-pensamientos salidas de nuestras propias facultades intelectuales. Por ejemplo, una persona que ve una piel de león, y reconoce que es una piel de león, libre está de todo pánico porque bien que no sea sino la piel conservada de un león, de no poder darse cuenta de ello, el miedo llega y dura hasta que se os diga: «no es sino un león disecado»; con lo cual libre se queda del miedo. Lo mismo ocurre aquí cuando los grupos de deidades bebedoras de sangre las de miembros enormes que parecen grandes como los cielos, se presentan causando su vista, como es natural, miedo y terror. Pero tan pronto como la confrontación es oída, son reconocidas como nuestras propias deidades tutelares, como nuestras propias formas-pensamientos. Por consiguiente, cuando sobre la Clara Luz Madre—a la cual se ha ido acostumbrando anteriormente—, una Clara Luz secundaria (la Clara Luz de descendencia) se produce, y cuando la Clara Luz Madre y la Clara Luz de descendencia, viniendo juntas cual dos seres unidos íntimamente, lucen inseparablemente, entonces un fulgor de autoemancipación brilla y, habiendo obtenido su propia iluminación por sí mismo, habiendo adquirido el conocimiento de sí mismo, se queda liberado.

DECIMOTERCER DÍA

Si esta confrontación no es obtenida, incluso las personas que están ya desenvolviéndose psíquicamente, es decir, en el Sendero, caerán aquí y errarán en el Samsara. Entonces los ocho Seres Irritados, los Kerimas y los Hta-menmas, que tienen cabezas diversas de animales, saliendo del propio cerebro del muerto vendrán para brillar. La confrontación se hace del modo siguiente, luego de llamar a ést por su nombre: «¡Oh noble hijo!, escucha sin distraerte.El día decimotercero, del cuarto Este de tu cerebro emanarán las ocho Kerimas que vendrán a brillar sobre ti. No temas. Del Este de tu cerebro, la Kerima Blanca, con cuerpo humano, teniendo una maza en la mano derecha, y en la izquierda un escalpelo lleno de sangre, vendrá a brillar sobre ti. No temas. Del Sur, la Teseurima Amarilla, trayendo un arco y una flecha y dispuesta para disparar; del Oeste, la Pramoha Roja llevando una makara (83); del Norte, la Petali Negra llevando un dorje y un escalpelo lleno de sangre; del Sur-Este, la Pukkase Roja llevando intestinos en su mano derecha y llevándolos a su boca con la mano izquierda; del Sur-Oeste, la Ghasmari Verde-Oscuro con un escalpelo lleno de sangre en la mano izquierda, que remueve con la derecha mediante un dorje, y bebiendo esta sangre con majestuoso placer; del Norte-Oeste, la Tsandhalí Blanca-Amarilla (que como todas sus compañeras gusta de merodear por cementerios y lugares de cremación), arrancando la cabeza de un cuerpo, llevando en la mano derecha un corazón y llevando con la izquierda a su boca el cuerpo que devora; del Norte-Este, la Smasha Azul-Oscuro arrancando la cabeza de un cuerpo y devorándola; todas ellas, que son las ocho Kerimas de las Mansiones (u ocho Direcciones), vienen también para brillar sobre ti rodeando a los cinco Padres Bebedores de sangre. No obstante, no te espantes. «¡Oh noble hijo!, de un círculo que las rodea exteriormen-te, las ocho Htamenmas de las ocho regiones del cerebro vendrán a brillar sobre ti: del Este, la Morena-Oscura de cabeza de león, las manos cruzadas sobre el pecho, teniendo un cuerpo en la boca y sacudiendo la melena; del Sur, la Roja de cabeza de tigre, las manos cruzadas hacia la tierra, mostrando sus colmillos con terrible rictus y mirando con ojos desorbitados; del Oeste, la Negra con cabeza de zorro, llevando una navaja de afeitar en la mano derecha y en la mano izquierda intestinos que se come y de los cuales lame la sangre; del Norte, la Azul-Oscura de cabeza de lobo, desgarrando un cuerpo con sus dos manos y mirando con ojos desorbitados; del Sur-Este, la Blanca-Amarillenta con cabeza de buitre, llevando sobre sus hombros un cuerpo gigantesco de aspecto humano y un esqueleto en las manos; del Sur-Oeste, la Roja-Oscura de cabeza de pájaro del cementerio, llevando un cuerpo gigantesco a la espalda; del Norte-Oeste, la Negra de cabeza de cuervo, llevando un escalpelo en la mano izquierda, una espada en la derecha y comiendo corazones y pulmones; del Norte-Este, la Azul-Oscura con cabeza de mochuelo, llevando un dorje en la mano derecha, una espada en la izquierda y comiendo. Estas ocho Htamenmas de las ocho regiones, rodeando de este modo a los Padres Bebedores de sangre y saliendo de tu cerebro, vendrán a brillar sobre ti. Pero no temas. Sabe conocerlas como tales formas-pensamientos de tus propias facultades intelectuales.»

DECIMOCUARTO DÍA

«¡Oh noble hijo!, en el decimocuarto día los cuatro Guardianes de las Puertas, emitidos igualmente por tu cerebro, vendrán a brillar sobre ti. Una vez aún, reconócelos.

»Del cuarto Este de tu cerebro vendrá a brillar la Blanca diosa de cabeza de tigresa, portadora de un aguijón, teniendo en su mano izquierda un escalpelo lleno de sangre; del Sur, la Diosa Amarilla con cabeza de marrana, portadora del lazo; del Oeste, la Diosa Roja con cabeza de leona, portadora de cadenas de hierro, y del Norte, la Diosa Verde de cabeza de serpiente, llevando una campana. Así aparecerán las cuatro Guardianas de las Puertas salidas de tu cerebro que vienen a brillar sobre ti. Reconócelas como a Deidades tutelares.

»¡Oh noble hijo!, en círculo alrededor de estas treinta deidades Herukas Irritadas, las veintiocho poderosas Diosas con cabezas diversas, llevadoras de armas variadas, saliendo de tu cerebro, vendrán para brillar sobre ti. Pero no temas. Reconoce» todo cuanto de brillante se te aparecerá como siendo las formas-pensamientos de tus facultades intelectuales. En este momento, de una importancia vital, acuérdate de las enseñanzas escogidas de tu gurú.

»¡Oh noble hijo!, verás levantarse: al Este, la Morena Diosa Rakshasa de cabeza de Yak, llevando un dorje y un cráneo; la Diosa Amarillo-Roja Brahma con cabeza de serpiente, llevando un loto en la mano; la Gran Diosa Verde-Oscuro con cabeza de leopardo, llevando un tridente en la mano; la Diosa Azul de la indiscreción con cabeza de mono, llevando una rueda, la Diosa Virgen Roja con cabeza de oso de las nieves, llevando una espada corta en la mano, y, en fin, la Diosa Blanca Indra con cabeza de oso, llevando un nudo hecho con intestinos, en la mano. Estas seis Yo-guinis del Este, salidas del centro de tu cerebro, vendrán para brillar ante ti. Pero nada temas.

»¡Oh noble hijo!, del Sur vendrán, para brillar, la Diosa Amarilla de las Delicias con cabeza de murciélago, llevando en la mano una navaja de afeitar; la Diosa Apacible Roja con cabeza de makara, llevando una urna en la mano; la Diosa Amrita Roja de cabeza de escorpión, llevando en la mano un loto; la Diosa Blanca de la Luna con cabeza de milano, llevando en la mano un dorje; la Diosa del bastón Verde-Oscuro con cabeza de zorro, teniendo en la mano una maza, y, en fin, la Rakshasi Negro-Amarillento con cabeza de tigre, llevando en la mano un cráneo lleno de sangre; estas, las seis Yoguinis del Sur, salidas del cuarto Sur de tu cerebro, vendrán a brillar junto a ti. Pero nada temas.

»¡Oh noble hijo!, del Oeste aparecerán: la Diosa comedora Negro-Verdusca con cabeza de buitre, teniendo en la mano un bastón; la Roja Diosa de la Delicia de cabeza de caballo, llevando el tronco de un enorme cuerpo; la poderosa Diosa Blanca de cabeza de águila, teniendo en la mano una maza; la Rakshasi Amarilla de cabeza de perro, llevando un dorje en su mano y cortando con una navaja de afeitar; la Diosa del Deseo Rojo con cabeza de abubilla, teniendo un arco tendido y apuntando con una flecha, y, en fin, la Diosa guardiana de la Prosperidad Verde de cabeza de ciervo, teniendo una urna en su mano. Estas seis Yoguinis del Oeste, salidas del cuarto oeste de tu cerebro, vendrían para brillar ante ti, pero no temas nada.

»¡Oh noble hijo!, por el Norte aparecerán: la Diosa Azul del Viento con cabeza de lobo, agitando un estandarte en su mano; la Diosa-Mujer Roja con cabeza de ibis, llevando un venablo amenazador; la Diosa Cerda Negra con cabeza de marrana, llevando un nudo de colmillos en la mano; la Diosa del Trueno Rojo con cabeza de cuervo, teniendo el cuerpo de un niño en la mano; la Diosa de la gran nariz Negro Verdusca de cabeza de elefante, llevando en la mano un gran cuerpo y bebiendo sangre en un cráneo, y, en fin, la Diosa del Agua Azul con cabeza de serpiente, teniendo en su mano un nudo de serpientes. Estas, las seis Yoguinis del Norte, salidas del cuarto norte de tu cerebro mismo, vendrán a brillar junto a ti. Pero no temas nada.

»¡Oh noble hijo!, las cuatro Yoguinis de las Puertas salidas de tu cerebro mismo vendrán a brillar sobre ti. Del Este, la Diosa Mística Negra con cabeza de cuco, llevando un gancho de hierro en su mano; del Sur, la Diosa Mística Amarilla de cabeza de cadáver, teniendo un nudo en su mano; del Oeste, la Diosa Mística Roja con cabeza de león, llevando una cadena de hierro en la mano; del Norte, la Diosa Mística Negro-Verdusca con cabeza de serpiente, llevando en la mano un abanico. Estas, que son las cuatro Yoguinis guardadoras de las Puertas, salidas de tu propio cerebro, vendrán a brillar sobre ti. Estas veintiocho poderosas Diosas emanan de las potencias corporales de Ratna Sambhava, el de las seis Deidades Herukas. Reconócelas.

»¡Oh noble hijo!, las Deidades Apacibles emanan del Vacío del Dharma-Kaya. De la radiación del Dharma-Kaya emanan las Deidades Irritadas. Reconócelo. En este momento, las cincuenta y ocho Deidades Bebedoras de sangre, saliendo de tu propio cerebro, vendrán a brillar junto a ti. Si las reconoces como siendo radiaciones de tu propia inteligencia, te fundirás uniéndote instantáneamente a los cuerpos de estas Bebedoras de sangre y obtendrás el estado de Buda.

»¡Oh noble hijo!, no reconociéndolas ahora y huyendo temeroso de estas Deidades, una vez más los sufrimientos vendrán a sumergirte. De no saber esto, las Deidades Bebedoras de sangre te causarán miedo, quedarás fascinado, aterrorizado, te desvanecerás.

Tus propias formas-pensamientos se convertirán en apariencias ilusorias y errarás en el Samsara. Si no eres fascinado y aterrorizado, no irás a vagar por el Samsara.

»Además, los cuerpos de las más grandes Divinidades Apacibles y los de las Irritadas son iguales, en tamaño, a los límites de los cielos; los de talla mediana son grandes como él monte Merú (84); los más pequeños tienen dieciocho veces el tamaño de tu cuerpo, en altura. Pero que ello no te espante. No te aterrorices. Si todos los fenómenos que se producen con apariencia de brillantes formas divinas, o las radiaciones, son reconocidas por ti como emanaciones de tu propia inteligencia, el estado de Buda te será obtenido en el instante mismo que practiques este reconocimiento. El precepto que reza: «el estado de Buda será obtenido en un instante», se' aplica ahora. Acordarse en este momento, es obtener el estado de Buda, al fundirse en unión íntima con las radiaciones y los Kayás. Por consiguiente, ¡oh noble hijo!, sean cuales sean las visiones espantosas o terribles que llegarán a ti, reconócelas como siendo tus propias formas o pensamientos. Porque si no las reconoces y te espantas, hijo mío, entonces todas las Deidades Apacibles brillarán con la forma de la Divinidad Maha-Kala (Gong-po-nag-po), y todas las Deidades Irritadas bajo la de Dharma-Rajá o Yama-Rajá (Sin-jei-chokyi-gyal-po), Señor de los Muertos; llegando a ser puras ilusiones tus propias formas-pensamientos, errarás por el Samsara. Porque sabe, ¡oh noble hijo!, que si no eres capaz de reconocer tus propias formas-pensamientos, por instruido que se sea en las Escrituras Sutras y Tantras, y aunque se hubiese practicado la religión durante un kalpa (85), no se obtendrá el estado de Buda.

Mientras que si se es capaz de reconocer sus propias formas-pensamientos, sea en virtud de gran arte o gracias a una palabra, el estado de Buda es alcanzado. De no ser reconocidas por el difunto, apenas muerto, sus propias formas-pensamientos, las de Dharma-Rajá, el Señor de la Muerte, brillarán sobre el Chonyid Bardo. Los cuerpos más grandes de Dharma-Rajá, Señor de la Muerte, igualan a la vasta extensión de los cielos; los de talla media igualan al Monte Merú; los más pequeños, que tienen dieciocho veces la altura de tu cuerpo, vendrán a llenar los sistemas de los mundos. Vendrán, mordiendo con sus dientes su propio labio inferior, con los ojos vidriosos, los cabellos anudados en la parte superior de la cabeza, anchos vientres, estrechos de cintura, trayendo la tabla en que están inscritos los pecados (Khram-Sing), gritando «¡pega!, ¡pega!», lamiendo un cráneo humano, bebiendo sangre, separando cabezas de sus cuerpos y arrancando corazones. Así vendrán llenando los mundos.

»Pero tú, ¡oh noble hijo!, aunque tales pensamientos se te manifiesten, no te espantes ni te aterrorices; el cuerpo que posees ahora, siendo un cuerpo mental de tendencias kármicas, aunque fuese golpeado e incluso hecho pedazos, no podría morir. Y porque tu cuerpo es en realidad de la naturaleza del vacío, no tiene por qué tener miedo. Los cuerpos del Señor de la Muerte son también emanaciones, radiaciones de tu inteligencia; no están constituidos de materia; el vacío no puede herir al vacío. Fuera de las emanaciones de tus propias facultades intelectuales, exterior-mente, los Apacibles, los Irritados, las Divinidades todas, los Bebedores de sangre, los con cabezas diversas, los fulgores de arco iris, las terrificantes formas del Señor de la Muerte, nada de todo ello existe, realmente. Esto no ofrece duda. Por consiguiente, sabiendo esto, todo miedo y todo terror son disipados por sí mismos y fundiéndose instantáneamente se obtiene el estado de Buda.

»Si te es posible reconocerlo en virtud de tu fe y tu afecto hacia las Deidades Tutelares, y no dudando de que han venido para recibirte por entre las emboscadas del Bardo, piensa esto: «Me refugio en ellas.» Acuérdate de la Trinidad preciosa, siente hacia ella afecto y fe. Sea cual sea tu deidad tutelar, acuérdate de ella ahora y, llamándola por su nombre, ruega de este modo: «¡Ay!, heme aquí errando por el Bardo. Ven a salvarme. Sostenme en virtud de tu gracia, ¡oh tú, Preciosa Tutelar!» Llamando a tu gurú por su nombre, ruega así: «¡Ay!, heme aquí errando por el Bardo. Sálvame. Que tu gracia no me abandone.» Cree también en las Deidades Bebedoras de sangre y ofréceles esta oración: «¡Ay! Viéndome como me veo errante por el Samsara, a causa de la fuerza desbordante de las ilusiones, en la vía luminosa del abandono del miedo, del temor y del terror, ¡puedan las tropas de los Bhagávans, de los Apacibles y de los Irritados conducirme! ¡Puedan las Diosas Irritadas, tan numerosas, seguirme para protegerme y salvarme de las terribles emboscadas del Bardo, y colocarme en el estado de Buda perfectamente iluminado! Ahora que me encuentro solo, errando lejos de mis amigos más queridos, y cuando las formas vacías de mis pensamientos brillan aquí, ¡puedan los Budas ejercer la fuerza de su gracia para que no vengan el miedo, el espanto y el terror al Bardo cuando las cinco brillantes Luces de la Sabiduría brillen aquí! ¡Pueda reconocerlas sin espanto ni terror! Y cuando los Divinos cuerpos de los Apacibles y de los Irritados brillen igualmente aquí, ¡pueda obtener la seguridad de que no tendré miedo y de que reconoceré el Bardo! Cuando en virtud de la fuerza de un mal karma se prueba el sufrimiento, ¡puedan las Deidades Tutelares disipar esta desgracia! Cuando el sonido natural de la Realidad llega girando en ondas semejante a un millar de truenos, ¡pueda ser transmutado en sonido de Seis Sílabas! (86). Cuando estoy sin protección, teniendo que soportar el karma, suplico al Gracioso Compasivo Chenrazee que me proteja. En fin, cuando sufro aquí las angustias de las tendencias kármicas, ¡pueda aparecer, para felicidad mía, la Clara Luz y los cinco elementos! (87). No levantarse como enemigos, sino que séame dado advertir los Reinos de los Cinco Ordenes de los Iluminados.»

Así, y con fe profunda y humildad, ofrece este rezo en virtud del cual todos los miedos serán desterrados y el estado de Buda será seguramente alcanzado en el Samsara. Ahora bien, y esto es importante, es preciso repetir la operación del mismo modo tres e incluso siete veces. Entonces, por pesado que sea el mal karma, y por débil el karma que quede, es imposible que la Liberación no sea obtenida. Si, no obstante ello, y a pesar de todo lo realizado en cada estado transitorio del Bardo, el reconocimiento (de las Divinidades) no ha sido hecho, se está expuesto a seguir errando más lejos, en el tercer Bardo, llamado Sidpa Bardo, para el cual la confrontación ya será expuesta más adelante con todo detalle.

CONCLUSIÓN QUE DEMUESTRA LA IMPORTANCIA FUNDAMENTAL DE LAS ENSEÑANZAS DEL BARDO.

Sean cuales hayan podido ser las prácticas religiosas de un ser, extensas o reducidas, en el momento de la muerte, numerosas ilusiones turbadoras se le ofrencen, por lo que resulta que este Thodol es indispensable. Para los que han meditado mucho, la verdad real luce tan pronto como el principio consciente y el cuerpo se separan. Es importante adquirir experiencia durante la vida, pues los que entonces han reconocido su verdadera naturaleza y han conseguido experiencia, obtienen gran poder durante el Bardo desde el momento de la muerte, apenas la Clara Luz aparece.

La meditación hecha en vida a propósito de las Deidades del Sendero Místico del Mantra, en los estados de visión y los de perfección, tendrán asimismo gran influencia cuando las visiones apacibles y las violentas aparezcan en el Chonyid Bardo. A causa de ello, la práctica de este. Bardo es de una importancia particular, incluso durante la vida. Es preciso encariñarse con este texto, leerle, retenerle y acordarse de él exactamente. Leerle regularmente tres veces con objeto de que sus palabras y su sentido sean perfectamente claros (para el que lo hace), llegar a que las palabras y su significación no sean olvidados, aunque se fuese perseguido por un centenar de verdugos. Y es llamado la Gran Liberación por el entendimiento, porque incluso los que han cometido las cinco ofensas capitales (88), están seguros de ser liberados de oír esta enseñanza por la vía del oído.

Por consiguiente, leed este texto en medio de asambleas numerosas. Dadle publicidad. El que le ha oído una vez, incluso si no le ha comprendido, se acordará de él en el estado intermedio sin olvidar una sola palabra, pues entonces la inteligencia es nueve veces más lúcida. A causa de ello pronunciado a la oreja de todo ser viviente, debe ser leído a la cabecera de toda persona enferma y al lado de todos los cuerpos privados de vida; en fin, debe ser extendido y difundido por todas partes.

Los que entienden esta doctrina, en verdad que son afortunados. Pues, salvo para aquellos que han acumulado mucho mérito y se han librado de muchas oscuridades, difícil es darse bien cuenta del contenido de esta enseñanza. Incluso si es conocida, resulta difícil de comprender. Ahora bien, la liberación será obtenida simplemente con no dudar una vez que se la ha escuchado. Por consiguiente, tratad esta doctrina con gran amor, pues es la esencia de todas las doctrinas.

La confrontación directa con la experiencia de la Realidad, llamada «Enseñanza que libera con sólo entenderla» y «Que libera por el hecho de haber visto y comprendido lo visto», ha terminado.

LIBRO II

EL *SIDPA BARDO*

ESTO ES RECONOCIDO COMO SIENDO LA PARTE DEL ESPÍRITU DE LA «ENSEÑANZA LLAMADA LA ESENCIA PROFUNDA DE LA LIBERACIÓN MEDIANTE ENTENDIMIENTO», LO QUE RECORDARÁ LA CLARA CONFRONTACIÓN EN EL ESTADO INTERMEDIO CUANDO SE BUSCA EL RENACIMIENTO

LAS OBEDIENCIAS

A las Deidades reunidas.
A las tutelares.
A los Gurús, a los que hay que rendir obediencia humildemente.
¡Pueda la Liberación, en el Estado intermedio, ser concedida por ellos!

INTRODUCCIÓN

Antes, del Gran Bardo Thodol.
El Bardo llamado Chonyid fue enseñado.
Ahora, del Bardo llamado Sidpa.
Un vivo recuerdo va a ser mostrado.

PRIMERA PARTE

EL MUNDO LUEGO DE LA MUERTE

(Introducción instructiva para el Oficiante:) Bien que hasta ahora en el Chonyid Bardo muchas llamadas activas hayan sido hechas, si se exceptúa aquellos positivamente familiarizados con la Verdad real y los que cuentan con un buen karma (sabios y santos), para los que además de tener mal karma no están familiarizados (con la Verdad), y para los que a causa de su mal karma son víctimas del miedo y del terror, el reconocimiento es difícil. Estos siguen descendiendo hasta el decimocuarto día, y para impresionarles de nuevo fuertemente se debe leer lo que sigue:

EL CUERPO DEL BARDO, SU NACIMIENTO Y SUS FACULTADES SUPRANORMALES

Habiendo rendido homenaje a la Trinidad, y recitada la oración para solicitar la ayuda de Budas y Bodisatvas, llamad al difunto por su nombre tres veces, o siete, y hablad de este modo: «¡Oh noble hijo!, escucha bien y graba esto en tu corazón: que el nacimiento en el mundo-infierno, en el mundo-deva y en el cuerpo del Bardo es considerado como nacimiento supranormal.

»En verdad, cuando experimentabas las radiaciones de los Apacibles y de los Irritados en el Chonyid Bardo, incapaz de reconocerlos, el Miedo te hizo desvanecerte durante tres días y medio después de tu muerte. Luego, al volver de este desvanecimiento, «el Conocedor» se ha levantado en ti en su condición primordial y un cuerpo radiante, semejante a tu cuerpo precedente, se ha lanzado de pronto (89), como dice el Tantra: Teniendo un cuerpo semejante, pero sin carne, al precedente a éste que súbitamente se ha manifestado, dotado de todas las facultades de los sentidos y de poder moverse libremente, poseyendo los poderes kármicos maravillosos, visibles a puros ojos celestiales de los seres del Bardo, de naturaleza semejante a la suya.

»Y ahora he aquí la enseñanza: Este cuerpo radiante del que se habla, «semejante al precedente y al que será producido», indica que se tendrá un cuerpo semejante al de carne y de sangre precedente, el cuerpo humano de las tendencias, y que también estará dotado de ciertas marcas y de hermosuras y perfecciones tales cuantas poseen los seres de los altos destinos. Este cuerpo, nacido del deseo, es una alucinación de forma-pensamiento en el estado intermedio, y es llamada el cuerpo del deseo. En este momento, si debes renacer como deva, visiones del mundo-Deva, se te aparecerán; así como si tienes que renacer ora como asura, bien como ser humano, como bruto (90), como preta, o como ser del Infierno, una visión del mundo correspondiente se te aparecerá. En consecuencia, la palabra «Precedente» (en la mención) implica que, hasta el tercer día y medio, creerás tener el mismo cuerpo de carne que poseías en tu existencia precedente, a causa de tus tendencias habituales. Y las palabras «que será producido» son empleadas porque después tendrás una visión del futuro lugar de tu nacimiento. Por lo que la expresión entera: «al precedente a aquel que será producido» se refiere a éstos: el cuerpo de carne que acaba de ser abandonado, y el cuerpo de carne que se tendrá cuando se renazca. En este momento, no sigas a las visiones que se te aparezcan. No seas débil. Si por debilidad sientes afecto hacia ellas, tendrás que errar por entre los seis Lokas y tendrás que sufrir.

»Hasta el otro día, incapaz fuiste de reconocer el Chonyid Bardo y has tenido que vagar descendiendo hasta llegar aquí. Ahora si quieres mantenerte firme en la Verdad Real, debes dejar descansar a tu espíritu, sin distracción, en la no-acción y la no-inclinación hacia algo, en el estado sin oscuridad, primordial, brillante, de vacío de tu inteligencia: el estado que te fue enseñado por tu gurú. Mediante ello obtendrás la Liberación sin verte obligado a volver a pasar la Puerta de las Matrices. Pero si eres incapaz de conocerte a ti mismo, entonces, sea cual sea tu Deidad tutelar y tu gurú, medita a propósito de ellos en estado de afección intensa y de humilde confianza, colocándolos como una corona por sobre tu cabeza. Esto es de la mayor importancia. No caigas en distracciones.»

(Instrucciones para el Oficiante:) Hablad de este modo, y si así el reconocimiento puede hacerse, la Liberación será obtenida sin que haya necesidad de errar por los seis Lokas. Si no obstante, a causa de la influencia del mal karma, el reconocimiento es difícil, entonces decid lo que sigue:

«¡Oh noble hijo!, escucha aún: «Dotado de todas las facultades de los sentidos y de poder moverse libremente» quiere decir que, no obstante lo que hayas podido ser cuando estabas vivo—ciego, sordo o inválido—, en este plan de Luego de la Muerte, tus ojos verán las formas, tu oído oirá los sonidos y todos los demás sentidos-órganos estarán intactos y dotados de una agudeza completa. He aquí por qué ha sido dicho que el cuerpo, en el Bardo, estaría «dotado de todas las facultades de los sentidos». Esta condición de existencia en la que te encuentras actualmente indica que estás muerto y errante en Bardo. Obra de modo que sepas esto. Acuérdate de las enseñanzas; acuérdate, sí; de las enseñanzas.

»¡Oh noble hijo!, «el movimiento libre» quiere decir que tu cuerpo actual es un cuerpo de deseo—tu intelecto habiendo sido separado de su natural asiento— y no un cuerpo de materia grosera, de tal modo que ahora tienes el poder de pasar a través de masas rocosas, colinas, piedras, tierra, casas y hasta del propio Monte Merú, sin que nada te detenga. Excepto Buda Gaya y el seno de una madre (91); todo hasta la montaña real, el Monte Merú, puede ser atravesado por ti, hacia adelante o hacia atrás, sin que nadie te lo impida. Esto es también para ti prueba de que yerras por el Sidpa Bardo. Acuérdate de las enseñanzas de tu gurú y ruega al Señor de Compasión.

»¡Oh noble hijo!, actualmente estás dotado de un poder de acción milagroso (poder de cambiar de forma, rozu; de estatura y de nombre, hphrul) que no es el fruto de un Samadhi, sino un poder venido a ti naturalmente y por ello de naturaleza kármica. Eres capaz de atravesar en un instante los cuatro continentes que rodean al Monte Merú o estar instantáneamente allí donde se te antoje; tienes el poder de ir donde quieras en el tiempo que un hombre emplearía en doblar o extender su mano. Estos poderes diversos de ilusión y de cambio de forma no los desees; no los desees, no. Ninguno de los poderes que pudieras desear te es imposible ahora. La posibilidad de ejercerlos sin obstáculos está en ti. Conócela y ruega al gurú.

»¡Oh noble hijo!, «visible a los puros ojos celestiales y de naturaleza semejante» significa que los seres de la misma naturaleza, a causa de ser de idéntica constitución (o nivel de conocimientos) en el estado intermedio, se verán mutuamente (92). Por ejemplo, los seres que están destinados a renacer entre los devas, se verán unos a otros, y así sucesivamente. No te aficiones a los que veas, mejor es que medites sobre el Misericordioso. «Visible a los puros ojos celestiales» significa también que los devas, habiendo nacido puros por la virtud del mérito, son visibles para los puros ojos celestiales de los que practiquen los dhya-nas (93). Estos no los verán todo el tiempo, sino cuando estén en concentración mental; en los otros momentos no los verán. A veces, incluso durante la práctica del dhyana, no los verán si se distraen.»

CARACTERÍSTICAS DE LA EXISTENCIA EN EL ESTADO INTERMEDIO

«¡Oh noble hijo!, el poseedor de esta clase de cuerpo verá los lugares que le han sido familiares en la Tierra, así como a sus padres, tal cual se los ve en los ensueños. Ves a tus padres, a tus amigos, les hablas y no recibes respuesta de ellos. Entonces, viéndoles llorar, así como a tu familia, piensas: «Estoy muerto, ¿qué haré?» Y sientes un gran dolor, cual el pez sacado del agua y puesto sobre carbones ardiendo. En aquel momento sentirás todo este sufrimiento. Pero sufrir no te servirá de nada. Si tienes un gurú divino, ruégale. Ruega a la Deidad Tutelar, el Compasivo. Pero si sientes aún atracción hacia tus parientes y amigos, ello no te será en modo alguno provechoso. Luego despréndete de ellos. Ruega al Señor de la Compasión y entonces ya no tendrás dolor alguno, ni terror ni miedo.

»¡Oh noble hijo!, cuando seas empujado de aquí para allá por el viento en perpetuo movimiento del karma, tu intelecto, falto de objeto sobre el que descansar, será como una pluma arrastrada por el viento, corcel del gran aliento. Sin cesar, involuntariamente errarás. A todos cuantos lloren les dirás: «Aquí estoy, no lloréis.» Pero como no te entenderán, pensarás: «Estoy muerto», y en aquel momento te sentirás desgraciado. Pero no, no seas desgraciado por ello. Habrá una luz gris, de crepúsculo, de noche, de día, en todo momento. En esta especie de estado intermedio permanecerás una, dos, cuatro, cinco, seis o siete semanas, hasta el día cuarenta y nueve. Se dice generalmente que las miserias del Sidpa Bardo son sufridas aproximadamente durante veintidós días; pero, a causa de la influencia determinante del karma, no es posible asegurar este o aquel período.

»¡Oh noble hijo!, hacia este momento el terrible viento del karma espantoso, muy duro de soportar, te empujará por detrás a ráfagas. No le temas tampoco. En otros casos, personas de malísimo karma, produciendo kármicamente rakshasas (demonios) comedores de carne, llevando armas diversas, aullando «¡pega!, ¡mata!» y produciendo un espantoso tumulto, vendrán hacia ti, pareciendo ponerse de acuerdo por ver cuál de ellos te cogerá. Apariciones ilusorias de seres perseguidos por diversas y terribles bestias de presa se levantarán. La nieve, la lluvia, la noche, las ráfagas de viento, las alucinaciones de seres perseguidos por multitudes vendrán también. Sonidos como de montañas que se derrumbasen, 'como el mar en plena tempestad, como el estallido de un incendio, como los ciclones, se desencadenarán. Cuando estos sonidos lleguen, aterrados por ellos, se huirá, por escapar, en todas direcciones, sin preocuparse de adonde se va. Pero el camino estará cortado por tres horribles precipicios: uno blanco, otro negro y otro rojo. Serán espantosos y profundos y se tendrá la impresión de caer en ellos. Pero no son, ¡oh noble hijo!, verdaderos precipicios, son: la cólera, la codicia y la estupidez. Sabe en tal momento que es el Sidpa Bardo donde te encuentras; invocando el nombre del Compasivo, reza atentamente de este modo: «¡Oh Señor Compasivo!, así como tú, ¡oh mi Gurú!, y la Preciosa Trinidad. No permitáis que yo (fulano de tal) caiga en los mundos desgraciados.» Obra de modo que no olvides esto.

«Otros que han acumulado méritos y se han consagrado sinceramente a la religión, experimentan gran felicidad, placeres deliciosos y un bienestar sin medida. Pero esa clase neutra de seres, que ni han adquirido méritos ni creado mal karma, no conocerán ni placer ni pena, sino una especie de incolora estupidez indiferente. ¡Oh noble hijo!, sea lo que sea lo que pueda ocurrir y por deliciosos placeres que conozcas, no seas atraído hacia ellos, no los ames, piensa más bien: «Puedan el Gurú y la Trinidad ser honrados por esas delicias concedidas por el mérito» (94). Abandona toda inclinación, todo deseo. Incluso, si no sintieses ni placer ni pena, sino tan sólo indiferencia, conserva tu intelecto, sin distraerte, en el estado de meditación del Gran Símbolo, sin pensar que estás en meditación. Porque cuando se piensa que se medita, este pensamiento basta para turbar la meditación. Luego esto es de la mayor importancia.

»¡Oh hijo noble!, en este momento, en las cabezas de puente, en los templos, cerca de las Stupas, pagodas en sus ocho clases, descansarás un poco. Pero no podrás permanecer allí largo rato, pues tu intelecto ha sido ser tirado de tu cuerpo terrestre. A causa de esta imposibilidad de ir de aquí para allá perdiendo el tiempo, te sentir turbado, mal a gusto, víctima del pánico. Por momentos «el Conocedor» será deslucido, sin brillo, por momentos huidizo e incoherente. Entonces te acudirá este pensamiento: «¡Ay!, muerto estoy, ¿qué puedo hacer?», y a causa de este pensamiento «el Conocedor» quedará entristecido; en cuanto a ti, tu corazón estará helado y sentirás un abandono y una angustia infinita. Y puesto que no puedes permanecer en reposo en un lugar cualquiera, y obligado estás a ir hacia adelante, no pienses cosas variadas, deja a tu intelecto permanecer en un estado no modificado. En cuanto a alimento, puedes tomar aquel que te ha sido consagrado, pero no otro. Como amigos, sobre ello nada hay de seguro en este momento.

»Tales son los procedimientos ordinarios del cuerpo-mental en el Sidpa Bardo. En este momento tanto la pena como la alegría dependerán del Karma. Verás tu casa, tus servidores, tu familia, así como tu cuerpo, y pensarás: «Ahora estoy muerto, ¿qué haré?», y oprimido por grandísima angustia pensarás aún: «¡Qué no daría por tener cuerpo!» Y con esta idea irás de aquí para allá buscándole. Incluso, de serte posible, no una, nueve veces seguidas te volverías a meter en tu cadáver, que a causa del largo intervalo pasado en el Chonyid Bardo estará helado, de ser invierno; descompuesto si verano, o llevado a la cremación por tu familia, o enterrado, o arrojado al agua, o dado a las aves de presa, o a los animales salvajes. Por lo que, no encontrando en parte alguna donde meterte, estarás contrariado y sentirás la sensación de ser comprimido entre grietas y precipicios por rocas y peñas.

»La experimentación de este sufrimiento tiene lugar en el estado intermedio cuando se trata de renacer. Entonces, incluso buscando un cuerpo, no ganarás sino molestias. Arroja lejos de ti este deseo de tener cuerpo, deja a tu espíritu permanecer en el estado de resignación y obra de modo que puedas permanecer en él.»

Siendo confrontado de este modo se obtiene la liberación del Bardo.

EL JUICIO

(Instrucciones para el Oficiante:) Es aún posible, no obstante, que, por la influencia de un mal karma, no se reconozca siquiera lo que ocurre. En este caso llamad al difunto por su nombre y habladle de este modo: «¡Oh noble hijo (fulano de tal), escucha! Si sufres como lo haces es a causa de tu propio karma, lo que no es debido a cosa distinta de él. Por consiguiente, ruega con fervor a la Preciosa Trinidad; hacerlo te protegerá. Si no rezas, ni sabes meditar a propósito del Gran Símbolo ni de ninguna Deidad Tutelar, el Buen Genio, el pequeño dios blanco que nació simultáneamente contigo, vendrá ahora y contará tus buenas acciones con piedras blancas, y el Genio Malo, el pequeño demonio negro, nacido simultáneamente contigo, vendrá a contar tus malas acciones mediante piedras negras. Esto te causará mucho miedo, horror, terror y grandes temblores. Entonces tratarás de mentir diciendo: «¡Yo no he cometido ninguna mala acción!» Pero el Señor de la Muerte dirá: «Voy a consultar el Espejo del Karma.» Diciendo esto, mirará al Espejo, en el que todo acto bueno o malo está claramente reflejado. Mentir no te servirá de nada. Entonces uno de los verdugos-furias del Señor de la Muerte enrollará una cuerda en torno a tu cuello y esto hecho te arrastrará. Cortará tu cabeza, arrancará tu corazón, hará salir tus intestinos, lamerá tu cerebro, beberá tu sangre, comerá tu carne, roerá tus huesos (95); no obstante, incapaz serás de morir. Aunque tu cuerpo sea cortado en pedazos, aún revivirá. Estos suplicios repetidos te causarán un dolor y una tortura intensos. Pero aun en el momento de contar las piedras no te asustes ni te aterrorices; no mientas ni temas al Señor de la Muerte. Tu cuerpo, siendo un cuerpo-mental, es incapaz de morir, aun decapitado y hecho pedazos. En realidad tu cuerpo es de la naturaleza del Vacío (96). No tienes necesidad de temer. Los Señores de la Muerte (97) son tus propias alucinaciones. Tu cuerpo de deseo es un cuerpo de tendencias y de vacío. El Vacío no puede herir al vacío; lo que es sin cualidad no puede herir a lo que es sin cualidad. Fuera de las alucinaciones personales, en verdad no existe nada, nada fuera de sí mismo, ni cosas o seres tales que el Señor de la Muerte, Dios, el Demonio, o el Espíritu de la Muerte con cabeza de Toro (98). Obra de tal modo que te des perfecta cuenta de esto. En este momento haz lo necesario para reconocer que estás en el Bardo. Medita sobre la Samadhi del Gran Símbolo. Si eres incapaz de meditar, entonces limítate a analizar con cuidado la naturaleza real de lo que te espanta; en realidad no está formado de nada, no es sino el Vacío mismo: esto es lo que es el Dharma-Kaya (99). Este Vacío no es de la naturaleza del Vacío de la nada, sino un vacío cuya verdadera naturaleza te impresionará y ante el cual tu inteligencia brilla claramente y más lúcidamente: este es el estado de espíritu en el Sambogha-Kaya. En el estado en que existes entonces, experimentas con intensidad insoportable: Vacío y Claridad inseparables—el Vacío claro por naturaleza, y Claridad por naturaleza vacía, y la Claridad inseparable del Vacío—, un estado primordial (o no modificado) del intelecto que es el Adi-Kaya. Y la fuerza de esto brillando sin obstáculo irradiará por todas partes: es el Nirmana-Kaya.

»¡Oh noble hijo, escúchame sin distraerte!, tan sólo por el conocimiento de los cuatro Kayas seguro puedes estar de obtener la Emancipación perfecta en uno de ellos. No seas distraído. La línea de demarcación entre los Budas y los seres animados pasa por aquí. Por ello este momento es de gran importancia: si ahora estás distraído, te harán falta innumerables eones (100) de tiempo para salir de tu cloaca de dolor. Hay una expresión cuya verdad puede ser aplicada: «En un momento una diferencia marcada es creada. En un momento de Iluminación Perfecta es obtenida.» Hasta el momento que acaba de pasar, todo este Bardo ha lucido sobre ti, y no obstante no le has reconocido, porque estabas distraído. A causa de ello, víctima has sido del miedo y del terror. Si ahora vuelves a distraerte, las cuerdas de la divina compasión de «aquel que tiene los ojos caritativos» se romperán (los rayos de la gracia de Chenrazee dejarán de brillar) y caerás allí donde no hay ya liberación inmediata. Por consiguiente, sé prudente. Bien que hasta ahora no hayas sido capaz de reconocer —no obstante las confrontaciones—, puedes realizarlo en este momento y obtener la Liberación.»

(Instrucciones para el Oficiante:) Si os dirigís a un pobre iletrado, que no sabe cómo meditar, decidle esto: «¡Oh noble hijo!, si no sabes cómo meditar, obra acordándote del Compasivo y el Sangha, el Dharma y el Buda, y reza. Piensa que todos los miedos y todas las apariciones terroríficas son tu Deidad Tutelar o la manifestación del Misericordioso. Acuérdate del nombre místico que te ha sido dado en el momento de tu iniciación sagrada, cuando eras un ser humano, y del nombre de tu gurú, di estos nombres al Justo rey de los Señores de la Muerte. Incluso si cayeses en precipicios, no sufrirías daño alguno haciendo lo anterior. Evita así el horror y el terror.»

INFLUENCIA DETERMINANTE DEL PENSAMIENTO

(Instrucciones para el Oficiante:) Decid esto, pues, aunque con tal confrontación, bien que la Liberación no haya sido obtenida, será obtenida aquí. Es posible, no obstante, que la Liberación no sea obtenida ni tras esta confrontación; siendo, pues, necesaria una aplicación tensa y continua, llamando al difunto por su nombre, hablad de este modo: «¡Oh noble hijo!, tus experiencias inmediatas serán alegrías momentáneas seguidas de penas momentáneas de una gran intensidad, como la tensión y la descarga de la acción mecánica de una catapulta. No sientas, pues, el menor afecto hacia las alegrías ni el menor desagrado hacia los disgustos. Si debes nacer en un plano más alto, la visión de este plano elevado empezará a apuntar sobre ti. Tus parientes vivos pueden a manera de dedicatoria en beneficio del muerto—sacrificar muchos animales (101), cumplir ceremonias religiosas y dar limosnas. Tú, a causa de tu visión no purificada, puedes ser arrastrado a encolerizarte mucho viendo sus actos, lo que podría ocasionarte en tal momento el renacimiento en el infierno. Sea lo que sea lo que hicieren los que has dejado detrás de ti, obra de modo que ningún pensamiento de cólera se produzca en ti, y piensa con amor en ellos. Además, si te sientes atraído por los bienes del Mundo dejados tras de ti, o si, viendo estos bienes que poseías en manos de otras personas, por debilidad continúas amándolos, si sientes cólera hacia tus sucesores, este sentimiento afectará psicológicamente tal momento de un modo que incluso si estabas destinado a nacer en un plano superior más feliz, obligado te verás a hacerlo en el Infierno, o en el mundo de los pre-tas (espíritus desgraciados). Por otra parte, si sigues amando los bienes del Mundo dejados detrás de ti, como no serás capaz de poseerlos, de nada te servirán. Por consiguiente, abandona toda debilidad y toda inclinación hacia ellos, arroja lejos de ti completamente estos sentimientos, renuncia a ellos de todo corazón. Poco importa quién pueda poseer tus antiguas riquezas, no tengas sentimientos avaros; al contrario, disponte a abandonar todo voluntariamente. Piensa que ofreces estos bienes a la Preciosa Trinidad y a tu gurú y permanece en el desinterés, lejos de todo deseo y debilidad.

«Cuando la recitación del Kamkani Mantra (102) sea hecha en tus funerales, cuando un rito por la abolición del mal karma—que pudiera hacerte nacer en las regiones bajas—sea practicado en honor a ti, si ves que tal cosa se realiza de una manera incorrecta, con sueño, distraídamente, sin observar los votos, con falta de pureza por parte de un oficiante, o hecho a la ligera—todo lo cual serás capaz de ver, puesto que estás dotado del poder kármico de presencia, bien que limitado (103), puedes experimentar una falta de fe, una ausencia de creencias en tu religión. Porque serás capaz de darte cuenta de todo miedo o temor, de las malas acciones, de las conductas irreligiosas y de juzgar cuándo los rituales son recitados incorrectamente. Entonces pensarás: «¡Ay!, en verdad me están traicionando.» Pensando esto te sentirás deprimido y víctima de gran resentimiento caerás en la duda y en la pérdida de la fe, en vez de en el afecto y la fe humilde. Y como ello afectará a tal momento psicológico, cierto podrás estar de renacer en condiciones miserables. Es decir, que pensar de tal modo no tan sólo no te servirá de nada, sino que, por el contrario, te ocasionará el mayor mal. Por incorrecto, pues, que sea el ritual e inconveniente la conducta de los sacerdotes que llevan a cabo tus ritos funerarios, piensa:

«No hay duda que los que son impuros son mis pensamientos. Porque ¿cómo sería posible que las palabras del Buda fuesen incorrectas? Es como si viese en un espejo la reflexión de las manchas de mi propia cara; mis propios pensamientos, pues, deben ser impuros. En cuanto a ellos (los sacerdotes), el Sangha es su cuerpo, el Dharma su palabra y su espíritu; son, pues, en verdad el Buda. Tomo, sí, mi refugio en ellos. Pensando de este modo, ten confianza en ellos y ejerce un amor sincero hacia ellos. Entonces, todo cuanto sea hecho por ti por aquellos que has dejado detrás será verdaderamente en beneficio tuyo. Luego este ejercicio de tu amor es de gran importancia, no lo olvides.

»Si estuvieras destinado a nacer en uno de esos estados miserables y el fulgor de tal estado miserable luciese ya sobre ti, si tus sucesores y parientes cumpliesen los ritos blancos religiosos sin mezclarlos con malas acciones, y si los abates y sacerdotes instruidos se consagrasen mediante actos, palabras y voluntad al cumplimiento de los ritos meritorios convenientes, la alegría bien acogida que sentirías viéndoles afectaría por su sola virtud al momento psicológico de tu desgracia de tal modo, que incluso si merecieses un nacimiento en un mundo desgraciado, ello llevaría tu nacimiento a un plano más elevado y más feliz. Por consiguiente, debes no crear pensamientos impíos; al contrario, practicar imparcialmente con todos una afección pura y una fe humilde. Esto es de la mayor importancia. Sé, pues, extremadamente prudente.

«¡Oh noble hijo!, para resumir: tu intelecto actual en el estado presente no depende de nada seguro; teniendo poco peso y estando en continuo movimiento, todo pensamiento que se te ocurra ahora, piadoso o impío, adquiriría gran fuerza. Por consiguiente, no pienses en cosas impías, acordándote, por el contrario, de cualquier clase de ejercicio de devoción; caso de no estar acostumbrado a tales ejercicios, muestra afectos sinceros y fe humilde. Ruega al Compasivo o a tu Deidad tutelar, diciendo de un modo resuelto: «¡Ay!, mientras me hallo solo, errante, separado de los amigos queridos; cuando el reflejo vacío de cuerpo de mis propias ideas mentales brille sobre mí, ¡puedan los Budas ejercer su poder de Compasión y conceder que no hay en el Bardo ni miedo, ni horror, ni terror! Mientras soporto las miserias del poder de un mal karma, ¡puedan las Deidades Tutelares disipar estas miserias! Cuando millares de truenos del sonido de la Realidad repercuten, ¡ojalá no sean sino el sonido de las Seis Sílabas! Cuando el karma nos sigue y se está sin protector, ¡pueda el Compasivo protegerme a mí; se lo suplico! Cuando soporto aquí las miserias de las tendencias kármicas, ¡que la radiación de la feliz y clara luz de Samadhi luzca sobre mí!» «Un ruego sincero tal que éste, será para ti un guía seguro. Puedes estar cierto de no ser defraudado. Esto es de gran importancia. Mediante este rezo, aún una vez vendrá a ti el recuerdo, y el reconocimiento y la Liberación quedarán cumplidos.»

EL ALBA DE LAS LUCES DE LOS SEIS LOKAS

(Instrucciones para el Oficiante:) No obstante, si el reconocimiento es difícil, a pesar de la repetición frecuente de esta instrucción, a causa de la influencia de un mal karma, será sumamente beneficioso repetir estas confrontaciones por entero varias veces. Llamad, pues, una vez aún al difunto por su nombre y decidle: «¡Oh noble hijo!, si has sido incapaz de hacer tuyo lo que ha sido dicho antes, ocurrirá forzosamente que el cuerpo de la pasada vida se tornará cada vez más horroroso y el de la futura cada vez más claro. Entristecido por ello pensarás: «¿Qué desdicha voy a soportar aún? Ahora, sea cual sea el cuerpo que deba tener, iré a buscarle.» Esto pensando, vagarás de aquí para allá distraído e incesantemente. Entonces brillarán sobre ti los resplandores de los Seis Lokas Samsaricos: el resplandor de aquel donde la fuerza del karma te hará nacer, brillará de un modo más acusado. «¡Oh noble hijo, escucha! Si deseas saber cuáles son estas seis Luces, helo aquí: un apagado resplandor blanco del mundo-Deva, un empañado fulgor verde del mundo-Asura, un mortecino fulgor amarillo del mundo-Humano, un deslucido fulgor azul del mundo-Bruto, un poco brillante fulgor rojo del mundo-Preta y un fulgor sin brillo, gris ahumado, del mundo-Infierno. En tal momento, por la fuerza del karma, tu cuerpo tomará el color de la luz del mundo en el que debas renacer. »¡Oh noble hijo!, el arte particular de esta enseñanza es especialmente importante en este momento. Sea cual sea el fulgor que brille sobre ti entonces, medita sobre él y sobre' el Compasivo. Venga de donde venga tal fulgor, considera tal lugar como siendo o existiendo donde el Compasivo. Esto constituye un arte profundo y sutil y podrá impedir el renacimiento. Sea cual pueda ser tu Deidad Tutelar, medita sobre su forma durante largo tiempo—como siendo una apariencia desprovista de existencia real—; es decir, como una forma creada por un mago, llamada la pura forma de ilusión. Deja entonces que la visión de la Deidad Tutelar se funda y desaparezca, partiendo de los contornos extremos hacia el centro, hasta que nada de ella queda ya visible; y ponte tú entonces en estado de Claridad y de Vacío—que, por supuesto, imposible te es concebir en modo alguno—, y permanece así un poco de tiempo. Medita de nuevo sobre la Deidad Tutelar, de nuevo también sobre la Clara Luz, haciendo esto alternativamente.

Al punto, deja que tu propio intelecto se funda gradualmente, empezando por los extremos. «En todo lugar donde reina el éter, reina la conciencia. En todo lugar donde reina la conciencia, reina el Dharma-Kaya. Permanece tranquilo en el estado increado del Dharma-Kaya. En este estado, el nacimiento no puede efectuarse y la Iluminación perfecta es alcanzada.»

SEGUNDA PARTE

EL PROCEDIMIENTO DEL RENACIMIENTO

EL CIERRE DE LA PUERTA DE LA MATRIZ

(Instrucciones para el Oficiante:) Puede ocurrir aún, a causa de la no abundancia de devoción o de la falta de costumbre, que se sea incapaz de comprender; se puede también estar sumergido por la ilusión y errar hacia las puertas de las matrices. Las instrucciones para cerrar estas puertas son muy importantes; llamad al difunto por su nombre y decidle esto:

«¡Oh noble hijo!, si no has comprendido lo que precede, en este momento, a causa de la influencia del karma, tendrás la impresión de que subes o de que marchas por algo a nivel, o de que bajas. Entonces medita sobre el Compasivo. No lo olvides. Y ocurrirá, cual ha sido dicho, que las ráfagas de viento, los torbellinos de granizo, las tormentas, la oscuridad, la impresión de ser perseguido por muchos, llegarán. Huyendo de estas alucinaciones, los que están privados de karma meritorio tendrán la impresión de escapar hacia sitios miserables: los que han adquirido un buen karma se sentirán ir, por el contrario, hacia lugares venturosos. Entonces, ¡oh noble hijo!, sea cual sea el continente o lugar en que debas nacer, los signos de tal lugar de nacimiento brillarán sobre ti. Para guiarte en este trance hay varias enseñanzas tan profundas como vitales. Escúchalas sin distraerte. Incluso si no has podido comprender las precedentes confrontaciones, ahora lo conseguirás, pues hasta los propios escasos en devoción reconocerán los signos. Escucha pues.»

(Instrucciones para el Oficiante:) Es ahora muy importante poner en práctica los métodos para cerrar la puerta de las matrices. Es preciso, pues, tener en esto el mayor cuidado. Hay dos maneras principales de cerrar estas puertas: impedir al ser que sea atraído hacia ellas, o cerrar la puerta que pudiera ser franqueada.

MÉTODO PARA PREVENIR EL ACCESO
A LA PUERTA DE UNA MATRIZ

Las instrucciones para impedir el ser atraído son éstas: «¡Oh noble hijo! (fulano de tal), sea cual haya podido ser tu deidad tutelar, medita tranquilamente acerca de ella cual si se tratase del reflejo de la Luna sobre el agua, reflejo aparente, bien que tan falto de realidad como una ilusión producida mágicamente. Si no tienes deidad tutelar especial, medita, ora acerca del Compasivo, bien sobre mí, y tu espíritu, ocupado de este modo, deja que reflexione tranquilamente.

»Al punto, deja que esta forma visual de deidad tutelar se funda de los extremos al centro, luego medita, una vez que ya no tiene forma, sobre la Clara Luz vacía. Esto constituye un arte profundo, en virtud del cual se escapa a la vuelta al germen.»

PRIMER MÉTODO PARA CERRAR LA PUERTA DE LA MATRIZ

«Medita de este modo, pero si ello es insuficiente para impedir que entres en el germen y te encuentras a punto de caer en él, entonces he aquí la enseñanza profunda relativa al modo de cerrar las puertas de las matrices. Escúchala.

»Cuando en aquel momento, ¡ay!, el Sidpa Bardo brilla sobre ti, guardando en tu espíritu una sola resolución, persevera con objeto de volver a unirte a la cadena del buen karma. Cierra la puerta de la matriz y acuérdate de la fuerza opuesta (104). Es el momento en que la atención y el amor puro son necesarios. Abandona, pues, la envidia y medita sobre el Gurú Padre-Madre.

»Que tu boca repita esto distintamente; acuérdate con toda claridad del significado de estas palabras y medita sobre ellas. La práctica de esto es esencial. Pues es indispensable llevar esto a la práctica. He aquí el sentido de esta enseñanza: «Cuando en este momento el Sidpa Bardo luce sobre mí (o sobre ti), es que yerras por él.» Como prueba de ello, trata de verte en agua o en un espejo, y comprobarás que no alcanzas a ver reflexión alguna de tu cara o de tu cuerpo, así como tampoco que tu cuerpo proyecte sombra. Y es que te has despojado de tu cuerpo grosero, material, compuesto de carne y de sangre. Ello indica que vagas por el Sidpa Bardo.

»He aquí por qué en este momento debes formar, sin distraerte, una única resolución en tu espíritu. La formación de una resolución única es muy importante. Es como cuando mediante las bridas se dirige la carrera de un caballo. Todo cuanto puedas desear vendrá para desfilar ante ti. No pienses, pues, malas acciones que pudieran cambiar el curso de tu espíritu. Acuérdate de tus relaciones espirituales con el lector de este Bardo Thodol, o con todo otro de quien hayas podido recibir enseñanzas, una iniciación, una autorización espiritual para leer textos religiosos cuando estabas en el mundo humano, y persevera en las buenas acciones. Esto es esencial. No seas distraído. La línea límite entre la subida y la bajada pasa por aquí. Si te dejas ir a la indecisión, aunque no sea sino un segundo, tendrás que soportar sinsabores durante largo, muy largo tiempo. Es el momento ahora. Mantente firme y con una sola voluntad. Persiste en volver a la cadena de las buenas acciones. Has llegado ahora al momento de cerrar la puerta de la matriz. «Es el momento en que la atención y el puro amor son necesarios.» Ha llegado el tiempo en que, por la primera vez, la puerta de la matriz debe ser cerrada. Cinco modos para cerrarla existen. Guarda en ti mismo este pensamiento.»

SEGUNDO MÉTODO PARA CERRAR LA PUERTA DE LA MATRIZ

«¡Oh noble hijo!, en este momento tendrás la visión de los machos y de las hembras acoplándose. Cuando veas esto, acuérdate de que no debes reunirte con ellos. Mira al Padre-Madre como a tu Gurú y a la Divina Madre, medita sobre ellos, respétales. Recuerda tu fe humilde; ofrece con fervor la adoración mental y toma la resolución de recibir de ellos un sentimiento religioso. Mediante esta resolución tan sólo, la puerta de la matriz debe ser cerrada. Pero si ni siquiera con ella lo es y sientes que estás a punto de entrar, medita sobre el divino Gurú Padre-Madre como sobre una deidad tutelar, o sobre el Compasivo Tutelar y su Shakti, y meditando de este modo, hónrales con ofrendas mentales. Toma enérgicamente la resolución de pedirles un favor. De este modo la entrada del germen será cerrada.»

TERCER MÉTODO PARA CERRAR LA PUERTA DE LA MATRIZ

«Si a pesar de ello no se cierra y te ves a punto de entrar en un germen, he aquí el tercer método para rechazar toda inclinación y toda repulsión.
«Hay cuatro clases de nacimiento: nacimiento por el huevo, nacimiento por la matriz supranormal (105) y el nacimiento por el calor y la humedad (106). Entre estos cuatro, el nacimiento en el huevo y la matriz tienen caracteres semejantes.
»Tal cual ha sido dicho, visiones de machos y hembras apareándose aparecerán. Si en este momento se entra en un germen por la fuerza de los sentimientos de simpatía o de repulsión, se puede nacer lo mismo caballo, pollo, perro, que ser humano (107). Si se ha de nacer macho, el sentimiento de ser macho se levanta en el «Conocedor» y un sentimiento de odio y de envidia hacia el padre, de atracción

hacia la madre es sentido. Si se debe nacer hembra, el sentimiento de odio intenso hacia la madre, de atracción hacia el padre es experimentado. Mediante esta causa secundaria, entrando por la vía del éter, hasta el momento en que la esperma y el óvulo se juntan, el «Conocedor» experimenta un momento de alegría por el estado simultáneo de nacimiento, durante el cual se desvanece en estado de inconsciencia. Al punto se encuentra engastado en la forma oval del estado embrionario y, cuando sale de la matriz y abre los ojos, puede encontrarse transformado en perrito pequeño. Era antes un ser humano, ahora se ha vuelto un perro y se encuentra que tiene que soportar las miserias de la perrera; o es como un puerco en el establo, como una hormiga en el hormiguero, como un insecto o una oruga en un agujero, una vaca, una cabra, un cordero, estado de los cuales no hay vuelta inmediata. El mutismo, la estupidez, la miserable oscuridad intelectual son sufridas con todos sus inconvenientes. De tales maneras se puede ir al Infierno o al mundo de los espíritus desgraciados, a través de los Seis Lokas, y soportar inconcebibles desdichas.

»Es terrible, terrible para aquellos, ¡ay!, que tienen inclinaciones voraces hacia esta existencia samsariana o para los que no la temen desde el fondo de su corazón. Y aquellos que nó han recibido las enseñanzas del Gurú caerán en los precipicios profundos del Samsara de este modo y sufrirán durante mucho tiempo intolerablemente. Antes que soportar tal suerte, escucha mis palabras y graba mis enseñanzas en tu corazón: Rechaza los sentimientos de atracción o de repulsión y acuérdate de este método para cerrar la puerta de la matriz, que voy a decirte. Cierra esta puerta, y acuérdate de la fuerza opuesta. «Este es el momento en que la atención y el puro amor son necesarios.» Tal cual ha sido dicho, «Abandona la envidia y medita acerca del Gurú Padre-Madre». Como ha sido explicado, si debes nacer macho sentirás atracción hacia la madre y repulsión hacia el padre, y si debes nacer hembra, atracción hacia el padre y repulsión hacia la madre, mezclados a un sentimiento de envidia hacia el uno o hacia el otro que crece y aumenta en ti. Por el momento es un sentimiento profundo. De modo, ¡oh noble hijo!, que cuando se producen la atracción y la repulsión, debes meditar de este modo: «¡Ay, qué ser de karma tan malo soy! Si he errado hasta el presente en el Samsara, a causa ha sido de la atracción y de la repulsión. Si continúo a sentir atracción y repulsión, entonces erraré sin fin en el Samsara y sufriré un océano de miserias durante un largo, muy largo tiempo, hundiéndome en ellas. Ahora, pues, no debo obrar en virtud de la atracción o de la repulsión. ¡Ay de mí! Desde ahora no volveré a obrar por atracción o repulsión.»

«Meditando de este modo, adopta la firme resolución de mantener este propósito. Ha sido dicho en el Tantras: «La puerta de la matriz será cerrada sólo por esto.» ¡Oh noble hijo!, no seas distraído. Fija tu espíritu tan sólo en esta resolución.»

CUARTO MÉTODO PARA CERRAR LA PUERTA DE LA MATRIZ

Si esto no basta aún para cerrar la puerta de una matriz y se está apunto de entrar en ella, entonces por medio de la enseñanza llamada «Lo Falso y lo Ilusorio» será cerrada. Esto debe meditarse del modo siguiente: «¡Sí!, la pareja, el padre y la madre, la lluvia negra, las ráfagas, los sonidos escandalosos, las apariciones aterradoras y todos los fenómenos son en verdad puras ilusiones.-Sea cual sea el modo como puedan aparecerse, nada hay de verdadero en todo ello. Son como ensueños y apariciones impermanentes y sin fijeza alguna. ¿Qué ventaja habría, pues, en interesarse por ello? ¿Qué si nos inspiran miedo o terror? Es tomar lo no existente como existente. Son simples alucinaciones de mi propio espíritu. Y puesto que las ilusiones del espíritu jamás han tenido existencia real, ¿podrían existir todos estos fenómenos? Yo, no habiendo comprendido hasta ahora estas cosas, he considerado lo no existente como existente, lo irreal como real, lo ilusorio como actual, y he errado por el Samsara mucho tiempo. Y ahora mismo si no las reconozco como siendo simples ilusiones, voy a continuar errando por el Samsara mucho tiempo aún. Con lo que seguro estoy de caer en abismos de calamidades, puesto que en verdad todo esto no pasa de ensueños, de alucinaciones, de puros ecos, lo mismo que las ciudades «Comedores de olores» (108), como un espejismo, como las formas en un espejo, como una fantasmagoría, como la Luna vista en un lago; es decir, que no son reales ni un momento siquiera. En verdad, sí, todo ello es irreal, todo falso.»

Manteniéndose con el pensamiento concentrado sobre esto, la creencia en la realidad de tales fenómenos se disipa, y una vez impreso esto en la continuidad interna de la conciencia, se aparta uno de ello. Impreso profundamente de este modo el conocimiento de la irrealidad, la puerta de la matriz será cerrada.

QUINTO MÉTODO PARA CERRAR LA PUERTA DE LA MATRIZ

Si, no obstante todo lo anterior, aún la creencia en el fenómeno permanece intacta, a causa de lo cual la puerta de la matriz no se ha cerrado y se está a punto de franquearla, preciso es cerrarla meditando a propósito de la Clara Luz lo que constituye el quinto método. La meditación se hace del modo siguiente: «No hay duda: todas las sustancias están en mi principio consciente (espíritu) y éste es puro vacío, cosa no nacida, y sin fin». Meditando de este modo, dejad que vuestro espíritu permanezca en el estado de increado, como por ejemplo lo está el agua vertida en el agua. El espíritu debe permanecer en su posición mental más cómoda, en su condición natural no modificada, clara y vibrante. Manteniendo este estado de ausencia de tensión, de no creado, las puertas de los cuatro lugares de nacimiento serán seguramente cerradas. Meditad de este modo hasta el perfecto cumplimiento de esto.

(Instrucciones para el Oficiante:) Numerosas y profundas enseñanzas acaban de ser dadas para cerrar las puertas. Imposible que no se liberen los de espíritu elevado, los de espíritu medio y aun los de poca capacidad intelectual. Y si se pregunta cómo esto es posible, lo es: 1º porque la conciencia del Bardo, estando dotada de poder supra-normal de percepción ilimitada (109), sea lo que sea lo que se diga, es comprendido; 2º porque—incluso si antes el difunto era ciego o sordo—aquí, en este momento, todas las facultades son perfectas y se puede entender todo aquello que es dicho; 3º porque estando constantemente perseguido por el temor y el terror, se piensa: «¿Qué es lo que es mejor?», y, alerta y consciente, se está siempre dispuesto a escuchar todo lo que puede seros dicho. Una vez que la conciencia queda sin el soporte del cuerpo, va inmediatamente a donde la dirige el espíritu; 4º es fácil dirigirla (110). La memoria es nueve veces más lúcida que antes. Incluso si se era estúpido, en aquel momento, a causa del trabajo del karma, el intelecto se torna excesivamente claro y capaz de meditar sobre todo cuanto le es enseñado. Luego se responde que es porque el Conocedor posee estas cualidades.

Y es por lo que el cumplimiento de los ritos funerarios debe ser eficaz. Por consiguiente, la perseverancia en la lectura del Gran Bardo Thodol durante cuarenta y nueve días es de la mayor importancia. Incluso si no se ha sido liberado en una confrontación, se debe poder serlo en las siguientes; y es por ello por lo que tantas confrontaciones diversas son necesarias.

ELECCIÓN DE LA PUERTA DE UNA MATRIZ

(Instrucciones para el Oficiante:) Ocurre, no obstante esto, que muchas clases de seres que—bien que en condiciones de rememorar e instruidos en lo que afecta a disponer su pensamiento para la concentración—no son liberados a causa de la gran fuerza perniciosa de las oscuridades kármicas, y a causa también de la no costumbre a las buenas acciones y al hábito, por el contrario, hacia las acciones impías desde tiempo inmemorial. Por consiguiente, si no se ha podido cerrar la puerta de las matrices antes de este momento, una enseñanza destinada a la elección de la puerta de una matriz va a ser dada ahora. Invocando la ayuda de todos los Budas y Bodisatvas, y repitiendo la fórmula de Refugio, hablad aún una vez al difunto, y llamándole tres veces por su nombre, decid lo siguiente: «¡Oh noble hijo (fulano de tal), escucha! Las precedentes confrontaciones te han sido dadas de una manera concentrada, no obstante no las has comprendido. Por consiguiente, si la puerta de las matrices no ha sido cerrada, casi es el momento todavía de tomar un cuerpo. Escoge el germen de acuerdo con esta enseñanza perfecta que vas a oír. Escúchala atentamente y tenla muy presente en tu espíritu.»

LAS VISIONES PREMONITORIAS DEL LUGAR DE RENACIMIENTO

«¡Oh noble hijo!, ahora los signos y características del lugar de renacimiento van a aparecer. Reconócelos. Observando este lugar de nacimiento, escoge también el continente. Si debes nacer en el Continente oriental de Lu-pah (111), un lago, en el cual flotan cisnes machos y hembras, será advertido. No vayas allí. Siente repulsión hacia este sitio. Si se va a ese Continente—bien que sea dichoso y agradable—, la religión no predomina en él. No entres, pues, allí. Si se ha de nacer en el Continente meridional de Jambú, se verán grandes y hermosas casas. Allí entra si tienes que entrar. Si se debe nacer en el Continente occidental de Balang-Chod, un lago, en cuyos bordes pacen caballos y yeguas será advertido. No vayas allí, vuélvete. No obstante darse allí abundancia de riquezas, es una tierra en la que la religión no prevalece; no entres, pues. Si se debe nacer en el Continente septentrional de Daminyan, un lago con rebaños que pacen en sus orillas, que están rodeadas de árboles, será advertido. Bien que la vida sea allí larga y que no carezca de excelencias, este Continente es también de esos en los que la religión no predomina. Luego no entres tampoco. Tales son los signos premonitorios (o visiones) del renacimiento en estos Continentes. Reconócelos y no entres en ellos.

»A aquel que debe renacer como deva (dios), templos magníficos o moradas construidas en diversos metales preciosos se le aparecerán. Aquí se puede entrar, entra pues. El que deba nacer como asura (espíritu malo) verá ora un bosque delicioso, ora un círculo de fuego girando en direcciones opuestas. Que se acuerde de la repulsión y que se aplique a no entrar allí. El que debe renacer entre las bestias verá cavernas rocosas, agujeros profundos en la tierra. Que no entre allí. Aquel que debe nacer entre los pretas (espíritus desgraciados) verá llanuras desoladas y desnudas, cavernas poco profundas, claros en la selva virgen, grandes extensiones de bosques. Si se va allí, naciendo como preta, se sufrirán diferentes clases de angustias, hambre y sed. Acuérdate que es preciso experimentar repulsión y no vayas allí. Pon en acción tu energía para no entrar. Aquel que debe nacer en el Infierno oirá ruidos semejantes a quejidos y se verá obligado a entrar allí por una fuerza irresistible. Extensiones tenebrosas, casas negras y blancas, agujeros negros en la tierra, caminos negros y a lo largo de los cuales se deberá marchar, aparecerán. Si se va allí, se entrará en el Infierno, y, sufriendo dolores insoportables a causa del calor y del frío, se necesitará un tiempo muy largo para salir. No te metas en medio de todo esto. Ha sido dicho: «Ejerce tu energía hasta el límite extremo», esto es necesario en este caso.»

LA PROTECCIÓN CONTRA LAS FURIAS ATORMENTADORAS

«¡Oh noble hijo!, bien que no se quiera, si se es perseguido por las atormentadoras furias kármicas, forzados nos veremos a seguir marchando. Furias atormentadoras ante nosotros, «cortadoras de la vida» en la vanguardia, arrastrándonos, la oscuridad, los ciclones kármicos, ruidos, nieve, lluvia, tormentas aterradoras, borrascas de viento helado se manifestarán, y el pensamiento de escapar a todo ello aumentará. Entonces, buscando un refugio empujados por el miedo se verán las visiones descritas: grandes mansiones, cavernas rocosas, excavaciones, selvas y flores de loto que cuando se entra se cierran; y se escapa a las tormentas, ocultándose en uno de esos lugares, y se teme salir de ellos, pensando: «No sería prudente salir ahora.» Temiendo partir, se siente gran atracción hacia el lugar de refugio (que es la matriz). Temiendo, al salir, volver a encontrar el horror y el terror del Bardo, aun espantado de los encuentros, si a causa de ello se permanece oculto (en el lugar o en la matriz escogida) se asumirá un cuerpo miserable y diversos y variados sufrimientos. Esta condición indica que malos espíritus y rakshasas (demonios) se interponen (para impedir un buen nacimiento). Para este momento hay una enseñanza profunda. Escucha y presta atención.

»En este momento—cuando las furias atormentadoras te perseguirán y el horror y el terror se presenten—instantáneamente evoca la visión del Heruka Supremo o de Haya-griva, o de Vajra-Pani, o de no importa qué otra deidad tutelar, si es que tienes una: visión de forma perfecta, ancha de cuerpo, los miembros macizos, irritada, de apariencia aterradora, capaz de reducir a polvo a todos los espíritus maléficos. Ten esta visión instantáneamente. Sus olas de dones, el poder de su gracia te apartarán de las furias atormentadoras y con ello podrás obtener el poder de escoger el seno donde renacerás. Esto es el arte vital de esta muy profunda enseñanza; por consiguiente, lleva a él todo tu espíritu.

»¡Oh noble hijo!, el Dhyani y las otras deidades han nacido del poder de Samadhí (la meditación). Los Pretas (espíritus o sombras desgraciadas), los espíritus malos de ciertas órdenes son los que, cambiando sus sentimientos (o actitud mental) cuando están en el estado intermedio, toman esta forma, la guardan al punto y se tornan pretas, malos espíritus, rakshasas poseyendo el poder de cambiar de forma. Todos los pretas que existen en el espacio, que atraviesan el cielo y las 80.000 especies de espíritus dañinos, han llegado a ser lo que son cambiando sus sentimientos en el cuerpo mental (del plan del Bardo). En este momento, si hay medio de acordarse de la enseñanza del Gran Símbolo a propósito del Vacío, será lo mejor. Si no se es empujado a ello, entonces habituad los poderes mentales a considerar todas las cosas como ilusión (o maya). Incluso si esto es imposible, no os dejéis atraer por nada. Meditando sobre la Deidad Tutelar, el Gran Compasivo, se obtendrá el estado de Buda en el Sambogha-Kaya.»

LA ELECCIÓN ALTERNATIVA DE UN NACIMIENTO SUPRANORMAL O DE UN NACIMIENTO EN EL GERMEN

«Si no obstante, ¡oh noble hijo!, por influencia del kar-ma debes entrar en el germen, la manera de escoger la puerta de la matriz te será explicada ahora. Escucha: no entres en no importa qué matriz que te sea accesible. Si las furias atormentadoras te quieren hacer entrar, medita sobre Hayagriva. Puesto que posees un débil poder supra-normal de presencia, todos los lugares de nacimiento te serán conocidos unos tras otros. En consecuencia, escoge. Hay dos alternativas," la transferencia (del principio consciente) en un puro reino de Buda o la selección de lo impuro que lleva a la matriz samsárica. Esto se cumple del modo siguiente:»

NACIMIENTO SUPRANORMAL POR TRANSFERENCIA A UN REINO PARADISÍACO

«En primer lugar, para la transferencia a un reino paradisíaco puro, la proyección es dirigida (pensando o meditando) así: «¡Ay!, de qué modo es triste que yo, durante los innumerables kalpas, desde el. tiempo ilimitado y sin principio, hasta el presente, haya podido errar por la cloaca del Samsara. ¡Qué triste es que no haya sido liberado (pasando) al estado de Buda, tras haber reconocido previamente a la conciencia como siendo el «yo»! Ahora, el Samsara me repugna, me causa horror, me desagrada; ahora ha llegado la hora de disponerse a huir. Obraré por mí mismo con objeto de nacer milagrosamente en el reino dichoso del Oeste a los pies del Buda Amitaba, entre las flores de loto. Pensando esto dirigid vuestra decisión (o voto) resueltamente hacia ese reino o hacia todo otro reino que podáis desear: el Reino de la Suprema Dicha, o el Reino de la Densa Concentración, o el Reino de los Largos Cabellos (Vajra-Pani), o al Vihara ilimitado de la Radiación del Loto (Padma Sambhava) en la presencia de Urgyan. O bien dirigid vuestro voto hacia el Reino que deseéis más vehementemente, concentrándoos y sin que vuestro espíritu se distraiga. Haciéndolo así, el nacimiento en estos reinos será instantáneo. Si aún deseáis ir a presencia de Maitreya, en los cielos de Tushita (de los que es rey), dirigid hacia ellos y de modo semejante un voto ardiente y pensad: «Iré a presencia de Maitreya a los Cielos de Tushita, pues la hora de que así sea ha sonado para mí, aquí, en el estado intermedio.» Entonces se obtendrá el nacimiento milagroso en el corazón del loto (nacimiento puro, no como en una matriz), en presencia de Maitreya.»

NACIMIENTO POR EL GERMEN: LA VUELTA AL MUNDO HUMANO

«Si no obstante semejante nacimiento supranormal no es posible y se siente alegría entrando en un germen, o bien haya por fuerza que entrar en él, he aquí la enseñanza para la elección de la puerta de la matriz en el Samsara impuro. Escucha: Mirando, mediante tu poder supranormal de previsión, los Continentes descritos, escoge aquel en que la religión prevalece y entra en él. Si el nacimiento debe producirse en un montón de impurezas, una sensación de olor agradable te atraerá hacia esta masa impura y de este modo obtendrás el nacimiento. De cualquier manera que se te aparezcan las visiones de las matrices, no las consideres tal cual son o parecen ser con objeto de que, no sintiéndose ni atraído ni rechazado por ellas, puedas escoger un buen germen. En esto también, como es importante dirigir bien el deseo, hazlo de este modo: «¡Sí! Yo debo tener nacimiento como un gran emperador o como un Brahmán semejante a un sala (112), o como el hijo de un adepto de los poderes siddhicos (yógicos), o en una familia sin tacha en su linaje, o en un nombre de casta lleno de fe religiosa, y naciendo así seré un ser dotado de gran mérito y seré capaz de servir a todos los seres animados.»

«Pensando esto, dirige tu deseo y entra en el germen. En el momento de hacerlo, emite tus ondas y dones de gracia y de buen deseo en el seno en que entras, transformándole de este modo en una morada celestial. Y seguro de que los Conquistadores y sus Hijos los Bodisatvas de las Diez Direcciones (113) y las deidades tutelares, especialmente el Gran Misericordioso, le dotarán con su poder, ruégales y entra en el germen.

«Escogiendo de este modo la puerta de la matriz hay una posibilidad de error. A causa de la influencia del mal karma, los buenos gérmenes pueden parecer malos y los malos buenos; error semejante es posible. En este momento el arte de la enseñanza, siendo muy importante, síguele de este modo: Incluso si un germen parece bueno, no sientas atracción hacia él; si parece malo, evita la repulsión. Estar libre de repulsión o de atracción, del deseo de tomar o de evitar, es decir, entrar en un estado de completa imparcialidad es lo más profundo de este arte. A excepción del reducidísimo número que ha tenido alguna experiencia de desarrollo psíquico, es difícil desembarazarse de los restos del mal que originan las malas tendencias.»

(Instrucciones para el Oficiante:) Por consiguiente, si son incapaces de separarse de la atracción y de la repulsión, los de la mentalidad más inferior y del mal karma merecerán encontrar refugio entre los brutos (114). La manera de impedírselo es llamar al difunto por su nombre, aún una vez, del modo siguiente: «¡Oh noble hijo!, si no puedes librarte de la atracción y de la repulsión, si no conoces el arte de escoger la puerta de la matriz, sean cuales sean las visiones descritas que se te aparezcan, llama a la Preciosa Trinidad y refúgiate en ella. Ruega al Gran Compasivo. Ve con la cabeza levantada. Date cuenta de que estás en el Bardo. Rechaza toda debilidad o atracción hacia tus hijos, tus hijas o cualquier otro ser querido dejado atrás; para nada pueden servirte ya. Entra por el camino de la Luz Blanca de los Devas, o por el de la Luz Amarilla de los seres humanos; entra en las grandes mansiones de los metales preciosos o en los deliciosos jardines.»

(Instrucciones para el Oficiante:) Repetid estas palabras, dirigidas al difunto, siete veces seguidas. Luego hay que ofrecer: «La invocación a los Budas y a los Bodisatvas», «El Camino de los buenos deseos que libra de los Miedos en el Bardo», «Las Palabras Fundamentales del Bardo» y «El Salvador o el camino de los buenos deseos para salvar de las Emboscadas o del peligroso paso estrecho del Bardo». Estos rezos deben ser leídos tres veces. Se deben leer también el Tahdol que libra de los agregados (115) del cuerpo y el «Rito que confiere por él mismo la Liberación en virtud de la Tendencia» (116).

CONCLUSION GENERAL

Por la virtud de estas lecturas hechas correctamente, los devotos (o yoguis) de entendimiento avanzado pueden hacer el mejor uso de la Transferencia en el momento de la muerte. No tienen que atravesar el estado intermedio, sino que irán por el «Gran Camino Derecho Ascendente». Otros un poco menos entrenados en las cosas espirituales, reconociendo la Clara Luz en el Chikhai Bardo en el momento de la muerte, irán por la vía ascendente. Los que están por bajo de éstos serán liberados—de acuerdo con su capacidad particular y sus conexiones kármicas—, cuando una u otra de las Deidades Apacibles o de las Irritadas brillen sobre ellos, durante las dos semanas del Chonyd Bardo. Hay muchos puntos en los que se puede obtener la liberación, de llegar al reconocimiento de uno u otro de ellos. Pero aquellos cuyo buen karma es débil, aquellos cuya masa de oscurecimiento es grande a causa de sus malas acciones, tienen que errar cada vez más hacia abajo hasta el Sidpa Bardo. Sin embargo, allí aún, cual diferentes peldaños de una escalera, hay varias clases de confrontaciones o llamadas; la liberación deberá ser obtenida reconociendo uno u otro de los grados. Pero aquellos cuya relación kármica es más débil, por ser incapaces de reconocer, caen bajo la influencia del horror y del terror. Para estos hay diversos grados de enseñanza destinados a cerrar la puerta de las matrices y para escoger la puerta de una de ellas. Para una u otra de estas enseñanzas, habrá debido escoger el método de visión y llamar mediante él a las virtudes ilimitadas superiores con objeto de exaltar su propia condición. Incluso el más bajo de entre ellos, proveniente del orden de los brutos, es capaz—en virtud de la aplicación del refugio— de apartarse (librarse) de entrar en la desgracia. Obteniendo el gran beneficio de un cuerpo humano (117), libre y perfectamente dotado, podrá en el próximo nacimiento encontrar un gurú que sea su amigo virtuoso y obtener los votos salvadores.

Si esta doctrina es escuchada cuando se está en el Sidpa Bardo, ello será como la reunión de buenas acciones, asemejándose a una artesa colocada bajo la hendidura de un tubo de drenaje roto; tal es la enseñanza.

Los que tienen un karma pesado, malo, no pueden dejar de ser liberados escuchando esta Doctrina y reconociéndola. Y de preguntar por qué, se responderá: que porque en este momento las Deidades Apacibles y las Irritadas están presentes para recibir al muerto y porque los Maras y los Interruptores vienen también a recibirle con ellas. El simple entendimiento de esta doctrina dirige los propios pensamientos del muerto y la liberación es obtenida, pues ya no depende de un cuerpo de carne y de sangre, sino de un cuerpo mental que queda fácilmente afectado. Sea cual sea la distancia a través de la cual se esté errando por el Bardo, si se es llamado se oye la llamada y se viene, pues se posee el sentido atenuado de la percepción y de la presencia supranormales. Siendo capaz de recordar y de comprender instantáneamente, el espíritu es susceptible de ser cambiado o influido. La enseñanza es, pues, aquí de gran utilidad. Es semejante al mecanismo de una catapulta (118). Es semejante al manejo de una enorme pieza de madera (o viga) que cien hombres no pueden llevar, pero que, echada a flotar al agua, puede ser fácilmente dirigida donde entonces se quiere (119). Esta enseñanza es semejante al dominio y dirección que en la boca de un caballo ejercen las riendas.

Por consiguiente, llegándoos junto al cuerpo de aquel que acaba de abandonar la vida, si el cuerpo está presente, imprimid fuertemente esto en el espíritu del difunto, repetidle una vez y otra todo hasta que la sangre y una secreción amarillenta empiecen a salir por las ventanas de su nariz. Entonces, ya el cuerpo no debe ser molestado. Las reglas que deben ser observadas para que la impresión sea eficaz son las siguientes: no matar ningún animal por cuenta del difunto (120); no dejar que los parientes y allegados giman y se lamenten junto al cuerpo inanimado; animar a la familia a cumplir actos virtuosos en tanto en cuanto les sea posible

(121). Esta gran doctrina del Bardo Thodol, así como otros textos religiosos, pueden ser expuestos de diversas maneras tanto al agonizante como al muerto. Si esta doctrina es unida al fin de la Guía (122), y recitada por entero con la Guía, es sumamente eficaz. Por otra parte, debería ser recitada también siempre que fuese posible. Estas palabras y su significación deben estar presentes en la memoria de todos; y cuando la muerte es ya inevitable y los síntomas de ella son reconocidos—de permitírselo su estado—el propio moribundo se los debe recitar a sí mismo y reflexionar sobre su sentido. Si está demasiado débil, entonces que un amigo lea este libro con objeto de grabarle vivamente en el espíritu del que va a acabar. Con ello la seguridad de la liberación es indudable.

Esta doctrina es la que libera por la vista, sin que haya necesidad de meditación o de Bsgrub (123). Esta Profunda Enseñanza libera con sólo ser escuchada o vista. Esta Enseñanza Profunda libera a aquellos que tienen muy mal karma, por el Sendero Secreto. No se debe olvidar su significado y sus palabras, aunque se fuese perseguido por siete perros (124). Mediante esta enseñanza escogida se obtiene el estado de Buda en el momento de la muerte. Incluso si los Budas de los Tres Tiempos (pasado, presente y futuro) la buscasen, no podrían encontrar Doctrina que sobrepujase a ésta.

Con esto queda terminada «la esencia del corazón de la Profunda Doctrina del Bardo», llamada el Bardo Thodol, la que libera a los seres encarnados.

Así acaba el Libro de los Muertos, tibetano.

NOTAS

(1) El Chikhai Bardo es el estado transitorio en el que se entra en el momento de la muerte, entre la vida que se acaba de abandonar y la nueva. Según las creencias escatológicas tibetanas, inmediatamente tras de la muerte y durante un período de tres o cuatro días, el principio consciente de las personas ordinarias permanece en una especie de sopor, de sueño angustioso durante el cual no se da cuenta de un modo claro de que habiendo dejado el cuerpo ha salido, por decirlo así, del plan humano. Una luz nueva en su estado de pureza primordial empieza a iluminarle. Entonces pueden ocurrir dos cosas: o que sea capaz de reconocer esta Luz por estar su espíritu en estado trascendental, o que no lo sea. En este caso percibe la luz oscurecida kármicamente hasta que terminado el primer Bardo (este primer período de tránsito), empieza el segundo, el Chonyid Bardo, estado transitorio de la Realidad, es decir, durante el cual despierta, por decirlo así, y empieza a comprender que, en efecto, está muerto, en relación al anterior estado de vida. Este estado se deshace, se desvanece, se diluye para dar paso a un tercer Bardo, el Sidpa Bardo, estado transitorio de renacimiento (de búsqueda, si se quiere) que termina cuando el principio consciente renace al fin, ora en un mundo humano de nuevo, ya en otro mundo, ora en uno de los mundos paradisíacos.

(2) El Divino Cuerpo de la Verdad o Dharma-Kaya incondicionado, es el estado primordial del increado, el estado de Buda, es decir, de la toda conciencia búdica supra-mundial, único estado que lleva a la realización del vacío, gran fin de todos los sistemas tibetanos de Yoga. El Yoga es, como se sabe, uno de los darsanas o sistemas ortodoxos de filosofía hindú, cuyo fin es alcanzar la unión completa con el Espíritu supremo, omnisciente, eterno, perfecto, no sujeto al karma (repercusión en las existencias sucesivas de los actos, palabras y hasta pensamiento de la primera) ni a la transmigración. Sólo por error se suele considerar el Yoga como un simple sistema de cultura física.

(3) En sentido esotérico, las Divinidades del Loto representan en nosotros el principio deificado de las funciones vocales (recuérdese también la gran importancia de la Palabra y por ella de los Nombres, en el Libro de los Muertos egipcio); las Divinidades Tranquilas, de la Paz, el principio deificado del corazón y de los sentimientos; las de la Cólera, las Divinidades Irritadas, el principio deificado de nuestro cerebro, centro de las funciones de nuestra mentalidad: pensamiento, razonamiento, imaginación y memoria.

(4) Padma Sambhava, el que ha nacido del Loto, es decir, de nacimiento puro y santo. En el Tíbet es llamado corrientemente Gurú Rin-po-ch'e (El precioso Gurú), siendo considerado por sus adeptos como la encarnación de la esencia del Buda Sakya Muni, en su aspecto más profundamente esotérico.

(5) La palabra gurú equivale a la nuestra maestro. Maestro místico si se trata de ser iniciado en los procedimientos espirituales, simple maestro si lo que se quiere aprender es tan sólo, por ejemplo, la gimnástica respiratoria a propósito de la cual los tratados de yoga describen centenares de procedimientos destinados a fines diferentes tanto materiales como espirituales, puesto que ciertos son enseñados para conducir al desarrollo de la inteligencia o la iluminación mental, y otros para hacer adquirir a los sentidos, una agudeza supranormal o para producir el nacimiento de facultades nuevas. También los hay para evitar las indigestiones, volver armoniosa la voz, atraer hacia el experto en ellos el amor de todas las mujeres, o permitirle entrar a voluntad en estado de catalepsia, dejarse enterrar vivo y resucitar algunas semanas más tarde cuando se le saca de la tumba. Estas prácticas se llevan a cabo en el Tibet, pero no con la constancia y fe que en la India. Por otra parte, si bien los tibetanos pagan, además de con la retribución convenida, con el más profundo respeto y agradecimiento los conocimientos que sus gurús les transmiten, es raro no obstante encontrar en este país, como en la India, la adoración ciega que se siente hacia ellos. Los Tres Cuerpos son: El Dharma-Kaya, el Sambogha-Kaya y el Nirmana-Kaya. El primero, el más elevado de los tres, es el propio de Buda y de todos los Budas y seres que hayan alcanzado la iluminación perfecta; el segundo es el propio de los cuerpos divinamente dotados, y el tercero el de los divinos cuerpos de encarnación. El Dharma-Kaya (que literalmente quiere decir Cuerpo de la ley; el Sambogha-Kaya, Cuerpo de compensación, y el Nirmana-Kaya, Cuerpo cambiable), es simbolizado (pues todas las palabras, conceptos humanos, son impotentes para describir lo que es su cualidad) mediante un océano infinio, tranquilo, sin una ola, del cual se elevan brumas, nubes y el arco iris, simbolización o representación, a su vez, del Sambogha-Kaya; las mismas nubes iluminadas por la gloria del arco iris, condensándose y cayendo en forma de lluvia, simboliza el Nirmana-Kaya. El Dharma-Kaya es la Bodhi (esencia, iluminación) primordial sin forma que es la verdadera experiencia liberada de todo error u oscurecimiento inherente o accidental. En él está la esencia del Universo, incluidos el Samsara (rueda de la vida), que gira sin cesar llevando con ella la ronda de los nacimientos y renacimientos hasta que el alma obtiene la liberación moksha (final) y el Nirvana (la beatitud). El Dharma-Kaya es, en otros términos, la sabiduría esencial; el Sambogha-Kaya el que da forma a la sabidurfía reflejada o modificada; el Nirmana-Kaya el que da forma a la sabiduría práctica o encarnada (como en los Budas humanos). Lo increado, lo no-formado, lo no-modificado son el Dharma-Kaya; la modificación de lo no-modificado, la manifestación de todos los atributos perfectos en un cuerpo son el Sambogha-Kaya; la condensación y diferenciación del cuerpo único en varios, es el Nirmana-Kaya o encarnaciones divinas entre los seres animados y sensibles. Todos los seres iluminados que renacen en este Mundo o en otro, para trabajar por el mejoramiento de sus semejantes son seres encarnados del Nirmana-Kaya. El Budismo tántrico (inspirado en los libros sagrados) asocia al Dharma-Kaya el Buda primordial: Samanta Bhadra que carece de principio y de fin, que es la fuente de toda verdad, el Padre perfectamente bueno de la fe lamaica. En este mismo reino del Buda más elevado, el lamaísmo coloca a Vajra-Dhara, "El que tiene el Dorje" (el rayo), y al Buda Amítaba, el Buda de la Luz sin trabas, fuente de la vida eterna. En el Sambogha-Kaya son colocados los cinco Budas de meditación, los Herukas del Loto y las Deidades Apacibles e Irritadas. Al Nirmana-Kaya es asociado Padma Sambhava, primer maestro que interpretó en el Tibet el Bardo Thodol, llamado el Gran Gurú por todos los devotos de las enseñanzas del Bardo. Por consiguiente el Tri-Kaya (los Tres Cuerpos) simboliza la Trinidad esotérica del más elevado Budismo de la Escuela del Norte. La Trinidad esotérica de la Escuela del Sur está integrada por el Buda, el Dharma (las Escrituras), y el Sangha (comunidad). La Doctrina de los Tres Cuerpos contiene la enseñanza esotérica concerniente al Sendero de los Gurús, su descenso de lo Superior a lo Inferior, del umbral del Nirvana al Samsara y su progresión de lo Inferior a lo Superior, desde el Samsara al Nirvana, lo que es simbolizado por los cinco Dhyani Budas, cada uno de ellos personificando un atributo divino universal. Ni que decir tiene y, por supuesto, los lamas lo aseguran (sin que necesiten esforzarse mucho para que lo creamos), que una comprensión detallada de la doctrina del Tri-Kaya es tan sólo privilegio de los iniciados.

(6) Los Libros Guías son diversos tratados de dirección práctica dados a los adeptos, en la vía del Bodhi a través del Mundo humano, y luego á través del Bardo (estado post-mor-tem) hasta el renacimiento en el Nirvana.

(7) Transferencia (Hpho, en tibetano): cambio de un lado a otro de la suma total o agregación de tendencias kármicas que componen, o que están unidas a la personalidad y a la conciencia.

(8) Esta liberación no es necesariamente la Liberación del Nirvana, sino más bien la de la "Corriente de la vida" del cuerpo del muerto, con objeto de que le quede la mayor conciencia posible y pueda alcanzar una feliz reencarnación o renacimiento.

(9) El cuerpo del muerto puede estar ausente, lo que suele suceder si ha muerto de crimen o de accidente; o bien, si a causa de los cálculos astrológicos, cosa frecuente en el Tibet, el cuerpo ha sido sacado de la casa donde ha muerto, precipitadamente. Pero su espíritu, según se cree, estará allí mientras el Lama lee para él en nombre de la Verdad lo siguiente: "Así como la Trinidad es verdadera y del mismo modo que la Verdad proclamada por la Trinidad es verdadera, por la fuerza de esta Verdad yo te llamo aquí." Ni que decir tiene que el espíritu llega al punto.

(10) No se olvide que en el Tíbet es frecuente la poliandria.

(11) Según la creencia tibetana y lamaica, el cuerpo de un moribundo no debe ser tocado, con objeto de no turbar la salida del principio consciente que debe efectuarse sin intervención ajena por la abertura brahmánica (la parte superior de la cabeza, lo que fue fontanelas en la infancia). De otro modo, la escapada puede efectuarse por otra abertura del cuerpo y conducir a un renacimiento no humano. Por ejemplo, de salir el principio consciente por una oreja, renacería como Gandarva, es decir, como músico celestial, cosa desagradable de tratarse de una persona poco amiga de ruidos, o sordo.

(12) He aquí esta invocación a los Budas y Bodisatvas que el oficiante, un lama (sacerdote), recita teniendo en la mano una especie de bastón-incensario, y que el moribundo (si puede), o sus familiares en todo caso, repiten tres veces con gran fervor, ante las ofrendas reunidas en honor de la Trinidad, más los dones consagrados también a ella, mentalmente: "¡Oh vosotros, Budas y Bodisatvas, que moráis en las Diez Direcciones! Vosotros, dotados de gran compasión, de presencia, de visión divina, de amor, y que concedéis vuestra protección a los seres animados, ¡dignaos condescender movidos por vuestra gran compasión, a venir aquí! ¡Dignaos condescender a aceptar las ofrendas aquí depositadas, más las creadas mentalmente! ¡Oh, vosotros, los compasivos! ¡Vosotros que poseéis la sabiduría de la comprensión, el amor de la comprensión, el poder de las acciones divinas y de la protección hasta el límite de lo incomprensible! ¡Oh, vosotros, Compasivos! (fulano: aquí el nombre del moribundo) va a pasar de este Mundo al mundo del más allá. Deja, sí, este Mundo. Toma gran impulso para ello. No tiene amigos (sobrentendido: al otro lado). Su miseria es grande (todos dejamos el Mundo aún más pobres que hemos venido a él, puesto que ni vida tenemos ya). Está sin defensores, sin protección, sin fuerzas, sin parientes. La luz de este Mundo se ha apagado para él. Va hacia otro lugar. Entra en una selva virgen solitaria. Es perseguido por fuerzas kármicas. Entra en el Vasto Silencio. Es arrastrado por el Gran Océano. Empujado por los vientos del Karma. Va en dirección hacia donde la estabilidad no existe. Ha sido cogido por el Gran Conflicto. Está obsesionado por el Gran Espíritu de la Aflicción. Horrorizado y aterrado por los mensajeros del Señor de la Muerte. Su karma existente le lleva a la existencia repetida. Carece de fuerza. Ha llegado el momento en que debe irse solo. "¡Oh, vosotros los Compasivos, defended (a fulano) que sin defensa está! ¡Protegedle, pues carece de protección! ¡Sed su fuerza y sus parientes! Protegedle de la gran sombra del Bardo. Apartadle del viento rojo (de la tormenta) del Karma. Desviadle del tremendo horror de los Señores de la Muerte. Salvadle del largo y estrecho desfiladero del Bardo. No dejéis que se debilite, ¡oh, vosotros los Compasivos!, la fuerza de vuestra misericordia y ayudadle. No le dejéis entrar en estados de existencia miserables. No olvidéis vuestros antiguos votos, y que la fuerza de vuestra compasión no se debilite. No dejéis, ¡oh vosotros los Budas y los Bodisatvas!, que la fuerza del método de vuestra compasión sea débil para con él. Apoderaos de él mediante el gancho de vuestra gracia. No dejéis que este ser, pronto inanimado (o inanimado, de estar ya cadáver), caiga en poder de un mal karma. Protegedle, oh vosotros poderosa Trinidad!, de las miserias del Bardo."

(13) He aquí esta plegaria: Cuando los dados de mi vida serán tirados la última vez, y los parientes de este Mundo ya no me puedan ayudar. Cuando vaya errante y solo por el Bardo, permitid, ¡oh vosotros Conquistadores, Apacibles e Irritados mediante el poder de vuestra compasión!, que las tinieblas de la Ignorancia sean disipadas. Cuando vagando solo, separado de los amigos que me aman, los fantasmas de mis formas-pensamientos se levanten contra mí, ¡quieran los Budas, mediante el poder de su divina compasión, permitir que ni el horror y el terror vengan al Bardo! Cuando las claras radiaciones de las cinco Sabidurías brillen sobre mí, ¡pueda ocurrir que, no estando ni horrorizado ni espantado, sepa reconocerlas como procedentes de mí mismo! Cuando las formas de las apariciones de los Apacibles y de los Irritados luzcan sobre mí, ¡que pueda ocurrir que yo obtenga la seguridad de los que carecen de miedo y que reconozca el Bardo! En el momento de sufrir las miserias causadas por la fuerza del mal karma, ¡puedan los Conquistadores, los Apacibles y los Irritados venir a disipar estas miserias! Cuando el sonido de la Realidad, existente en sí, repercuta como un millar de truenos, ¡puedan todos estos sonidos ser transmitidos en sonidos de doctrinas Mahayana (El "Gran Vehículo", forma de Budismo tibetano; es decir, doctrina lamáica opuesta al "Pequeño Vehículo"). Estando sin protección y cuando las influencias kármicas deben ser seguidas, imploro a los Conquistadores, a los Apacibles y a los Irritados para que me protejan. ¡Ojalá pueda suceder que el bienaventurado Samadhí, el de la Clara Luz, me ilumine cuando sufra las miserias causadas por la influencia kármica de las tendencias! Al tomar un renacimiento supranormal en el Sidpa Bardo, ¡que las perversas revelaciones de Mará (el Espíritu del Mal que reina en el sexto cielo de las delicias sexuales) no puedan mezclar en ello su intervención! Cuando llegue a donde deseo, ¡que no sienta el miedo ilusionante y el terror que llega del mal karma! Cuando se oyen rugidos de las bestias salvajes, ¡puedan estos rugidos parecerme el sonido sagrado de las Seis Sílabas! (Om-ma-ni-pad-me-Hung). Cuando se es perseguido por la nieve, la lluvia, el viento y la oscuridad, ¡ojalá se pueda ver con los celestiales ojos de la brillante Sabiduría! ¡Ojalá suceda que todos los seres sensibles del mismo orden se armonicen en el Bardo y sin envidias (por la cuestión de renacer con uno u otro sexo), obtengan el renacer en los planos más elevados! Cuando esté destinado a sufrir las miserias del hambre y de la sed, ¡ojalá pueda evitar las angustias que causa el hambre y la sed, el calor y el frío! Cuando vea a los futuros padres unidos, ¡ojalá pueda verlos cual el Divino Par, los Conquistadores Padres y Madres Apacibles e Irritados, y ojalá pueda obtener el poder de nacer en todo lugar benéfico para los demás, y tener un cuerpo perfecto adornado de signos de ventajas (como el cuerpo del Buda, que nació marcado ya con los signos indicadores de poderes supranormales). Obteniendo para mí un cuerpo macho, que es el mejor, ¡ojalá suceda que pueda liberar a cuantos me vean y oigan, que no permita que un mal karma me siga, y que en cambio, me sigan y se multipliquen mis méritos! Y que naciendo donde nazca y en el lugar que nazca, pueda encontrar a los Conquistadores y a las Deidades Apacibles y a las Irritadas y, capaz de andar y de hablar en el momento de nacer (como el Buda de quien se dice que apenas nacido dio 56 pasos, y pronunció una frase divina cada 14; tornándose luego como un niño cualquiera), obtenga la inteligencia que no olvida para acordarme de mí vida o de mis vidas pasadas (como Pi-tágoras, que también se acordaba de todas sus pasadas existencias). En toda clase de ciencias, pequeñas o grandes, ¡ojalá pueda obtener su dominio tan sólo con escuchar, reflexionar y ver; que todo lugar donde renazca me sea favorable, y que todos los seres sensibles puedan gozar de felicidad! Vosotros, Conquistadores, Apacibles e Irritados, en lo que afecta a la semejanza de vuestros Cuerpos, al número de los que os siguen, y a la bondad de vuestro divino nombre, ¡ojalá ocurra que podamos igualaros! Por la divina gracia de los innumerables Apacibles e Irritados de Toda Bondad, por las olas de dones de la Realidad enteramente pura, por las de dones de la devoción concentrada del devoto místico, ¡ojalá ocurra que, sean cuales sean los votos formados, sean concedidos aquí ahora!

(14) He aquí las palabras fundamentales de los seis Bardos: Ahora que el lugar del nacimiento del Bardo se muestra a mí, abandonando la pereza——pues no hay pereza en la vida de un creyente—, marchando en la Realidad sin distracción, escuchando, reflexionando y meditando, llevando por el Sendero el saber de la verdadera naturaleza de las apariciones y del espíritu, ¡pueda el Tri-Kaya ser realizado! Una vez la forma humana obtenida, ¡ojalá no haya tiempo ni ocasión para esquilmar la vida de la pereza! Ahora, cuando el ensueño del Bardo viene a mí, abandonando el entumecimiento desmesurado y carnal del sueño de la estupidez, ¡ojalá pueda la conciencia permanecer sin distracción en su estado natural, y comprendiendo la verdadera naturaleza de los ensueños pueda dirigirse hacia la Clara Luz de las Transformaciones milagrosas! No obrando como los brutos ni imitando su inercia, ¡ojalá pueda la cualidad de la práctica del sueño y del estado actual de vigilia, ser una experiencia apreciada por mí! (Una de las experiencias del Yoga tiende a que el que practica entre voluntariamente en estado de sueño y desarrolle en él experiencias mentales, con plena conciencia no obstante estar soñando; guardando, al despertar, plena memoria de tales experiencias). Ahora, cuando el Dhyana Bardo aparece, abandonando la masa entera de distracciones e ilusiones, ¡ojalá pueda el espíritu permanecer en el modo de atención sin fin del Samadhi, y pueda, ser obtenida la firmeza en los dos estados de visión y los períodos de práctica de la perfección! En este momento de meditación y de concentración única, dejada aparte toda otra acción, ¡ojalá no caiga bajo el poder extraviante de las pasiones estupefacientes! Ahora, cuando el Bardo del Momento de la Muerte brilla sobre mí, al abandonar la inclinación, el deseo y la debilidad hacia todas las cosas del Mundo, ¡ojalá pueda entrar y permanecer sin distraerme en el espacio iluminado por la luminosa enseñanza y ser capaz de fundirme en los espacios celestes del No-nacido! Llegada la hora de separarme de este cuerpo de carne y de sangre, ¡ojalá pueda reconocer el cuerpo como algo puramente impermanente e ilusorio! Ahora que el Bardo de la Realidad brilla en mí, al abandonar todo horror, temor y terror hacia los fenómenos, ¡ojalá pueda reconocer todas las cosas que puedan presentarse a mí como mis propias formas-pensamientos, y reconocerlas como apariciones que se presentan en el Estado intermedio! Ha sido dicho: "Un tiempo llega en que el punto de rodeo principal se apaga"; no hay que temer pues ni a los Apacibles ni a los Irritados, puesto que son nuestras propias formas-pensamientos. Ahora cuando el Bardo del Renacimiento brilla en mí, concentrado tan sólo con firme propósito en un único deseo, ¡ojalá sea capaz de continuar el curso de las buenas acciones mediante mis esfuerzos repetidos! ¡Y pueda la puerta de las matrices cerrarse y la reacción ser observada! La hora ha llegado en que la energía y el amor puro son necesarios, ¡ojalá pueda expulsar muy lejos la Envidia y meditar sobre el Gurú, el Padre-Madre!

¡Oh temporizador que no piensas en la llegada de la muerte y te consagras a las cosas inútiles de la vida! Imprevisor eres tú que malgastas la mejor ocasión. ¡En qué modo te habrás engañado si vienes ahora de la vida con las manos vacías, puesto que el Santo Dharma es conocido como siendo tu única necesidad! ¿No vas ni tan siquiera ahora a dedicarte al Santo Dharma?.

Epílogo

Así hablan devotamente los Grandes Adeptos. Si la enseñanza escogida del gurú no está presente en su espíritu, ¿no será ello traicionarte a ti mismo? Es muy importante que estas palabras fundamentales sean conocidas.

(15) Aquí también el número 7 y sus múltiplos tienen una gran importancia esotérica. Desde luego, todo el Bardo Thodol está basado sobre el número simbólico 49, cuadrado del número sagrado 7. Además, según la enseñanza oculta común al Budismo del Norte y al Hinduismo, hay 7 mundos ó 7 grados de Maya (la ilusión, espectáculos ilusorios) en el Samsara (el fenómeno universal, opuesto al Nirvana, que está más allá del fenómeno), constituido cada uno como 7 globos de una cadena planetaria. Sobre cada globo hay 7 círculos de evolución que hacen 49 (7 veces 7) estaciones de existencia activa. Así como en el estado embrionario humano el feto pasa por todas las formas de estructura orgánica desde la amiba hasta el hombre, lo mismo en el estado postmortem, estado embrionario del mundo psíquico, "el Conocedor" o principio de conciencia, antes de reintegrarse a la materia grosera, experimenta analógicamente las condiciones psíquicas puras. En otras palabras, en los dos procesos embrionarios interdependientes, el físico y el psíquico, las adquisiciones de evolución y de involución correspondientes a los 49 períodos de existencia, son repasados. De un modo similar, los 49 días del Bardo pueden simbolizar los 49 Poderes del Misterio de las 7 Vocales. En la mitología hindú, de donde procede mucho del simbolismo del Bardo, estas Vocales llegaban a ser el Misterio de los 7 Fuegos, y de las 49 subdivisiones o aspectos del fuego. Están también representados por el signo del Swastika sobre las coronas de las 7 cabezas de la Serpiente de la eternidad de los Misterios del Budismo del Norte, cuyo origen está también en la India antigua. En los escritos herméticos, son las 7 zonas de experiencia tras la muerte o experiencias del Bardo, simbolizando cada una la llegada al estado intermedio, de uno de los 7 elementos particulares del principio consciente complejo. Que dan también al principio-consciente 49 aspectos o fuegos o campos de manifestación. El número 7 ha sido durante mucho tiempo un número sagrado, tanto para los pueblos de la raza aria como para otros muchos. Y como si la Naturaleza misma quisiera, llena de clemencia, justificar o cuando menos disimular los fanatismos numéricos de los hombres, ha conservado este número en la periodicidad de ciertos fenómenos de la vida, como por ejemplo las series elementales químicas, los sonidos y los colores en física. En todo caso es sobre el número 49, ó 7 veces 7, que el Bardo Thodol se basa científicamente, y todo, para los que en él creen.

(16) Litcralmente: "El gran camino recto hacia lo alto". Para alcanzar la liberación total (nirvana), hay, según la doctrina del Budismo del Norte, dos caminos: uno, siguiendo las instrucciones del Bardo, otro directo, inmediato, sin entrar en el plan del Bardo y sin los largos años de evolución normal a través de las existencias samsarianas. Un profundo entrenamiento yoga, muchos méritos y un karma favorable conducen a la fe primer paso en la Vía Secreta, con ella, la iluminación, y en virtud de ésta, la emancipación, es decir, el fin supremo que se pretendía.

(17) Téngase en cuenta, tanto aquí como para más adelante, que como se está ya en un plano de ultratumba, al hablar de "centros nerviosos" se habla de los centros nerviosos no físicos sino psíquicos. Y para la mística tibetana, el centro nervioso psíquico de la Sabiduría está en el corazón.

(18) Entiéndase: el espíritu en sus funciones de conocimiento.

(19) El espíritu en su estado natural primitivo, es decir, antes de encarnar en un cuerpo humano, pues cuando esto ocurre, a causa de los sentidos que le obligan verdaderamente a pensar, pierde su quietud esencial, esa condición estática de conciencia que para los santos y místicos tibetanos es la verdadera iluminación.

(20) "El tiempo de hacer una comida", expresión primitiva que se encuentra empleada como medida de tiempo en los antiguos libros tibetanos. Equivale a un período de 20 a 30 minutos.

(21) En todo caso en el Tíbet, en lugar de ayudar a la gente a bien morir, si por bien morir se entiende morir tranquilos, se hace todo lo contrario, se les molesta bastante como se puede ver. Asimismo, nada de medios artificiales para prolongar la vida: considerando que al que va a morir hay que darle ya por muerto y dejarle que se marche, hacen cuanto pueden para ello. Claro que si morir es "pasar a mejor vida", lo lógico es esto, ayudar a hacerlo en vez de tratar de que no lo hagan. Esto, además de cruel (e inútil), parece hasta impío.

(22) Cuatro o cinco días, algunas veces hasta siete (cálculos tibetanos).

(23) El sentido de esta frase es: que el moribundo debe reconocer no tan sólo los síntomas de la muerte cuando llegan, sino ser también capaz de reconocer la Clara Luz sin necesidad de ser puesto frente a frente de ella por otro.

(24) Estas frases deben corresponder, según los lamas tibetanos, a las sensaciones que va experimentando el moribundo; 1º, sensación física de opresión; 2º, sensación física de frío cual si el cuerpo fuese metido en agua, sensación que se cambia poco a poco en calor febril; 3º, sensación como si los átomos del cuerpo explotasen. Estos síntomas, dicen, van acompañados de cambios exteriores y visibles del cuerpo; pérdida de dominio sobre los músculos faciales, pérdida del oído, de la vista, respiración espasmódica, finalmente pérdida del conocimiento. Tras ello y ya en el Bardo, separación del espíritu de su envoltura humana.

(25) En este estado es posible la realización de la Ultima Verdad de estar el muerto suficientemente avanzado en el Sendero, a causa de una vida de virtud. De otro modo, está destinado a vagar por las regiones más o menos bajas del Bardo, según su karma, hasta su renacimiento.

(26) La conciencia distinta de la facultad de saber mediante la cual se conoce a sí misma. Este vacío tan insistentemente repetido como el estado por excelencia, es la tendencia al Nirvana y luego este estado en sí mismo, meta del Budismo, que considera esta ausencia de inteligencia y de sentimientos particulares como la vuelta a la conciencia universal, es decir, al Gran Todo (a Dios, que diría un panteísta occidental), que debe ser la mayor aspiración de la criatura y su mayor felicidad y término de sus más altas aspiraciones el fundirse de nuevo con la Divinidad (Esencia Universal) de la que salió. ¿Por qué salió? ¿A qué las dolorosas peregrinaciones si su fin es volver más pronto o más tarde a la Fuente Universal? Esto ya no vale la pena ni de preguntarlo. Estamos, como en todas las teorías religiosas, en pleno dominio de la fantasía, de modo que el que sea inclinado, por temperamento, a creer, que crea en la fantasía que escoja; el que no, que se encoja de hombros. El resultado va a ser igual: el VACIO. Es decir, el vacío individual, el dejar de ser para volver al vacío universal, o sea, a la falta de individualidad, a la desaparición del yo (o de los infinitos yos de un día) en la vorágine de los elementos (materia y energía) universales.

(27) El Dharma-Kaya simboliza la más alta y pura espiritualidad, un estado de super-conciencia desprovisto de toda limitación mental u oscurecimiento resultante del contacto de la conciencia primordial con la materia.

(28) Si a causa de un determinado entrenamiento espiritual el moribundo ha adquirido la posibilidad del estado de Buda, entonces, la rueda de las reencarnaciones se detiene y la liberación es un hecho. Pero como este estado de perfección es raro y el muerto no puede llegar tal cual muere a la Clara Luz, cae más o menos bajo en el Bardo hasta que consigue al fin la liberación.

(29) Interpretación (podríamos añadir: caprichosa, pero ¿haría falta?): La fuerza vital pasando por el nervio psíquico del ombligo y el principio consciente pasando por el nervio psíquico del cerebro se unen en el centro psíquico del corazón y, abandonando normalmente el cuerpo por la abertura de Brah-ma (parte superior del cerebro, como se sabe), producen en el muerto una especie de éxtasis intenso. Al salir de él se encuentra ante la Clara Luz en toda su prístina pureza: el Dharma-Kaya sin oscurecimiento alguno. De no poder permanecer en él, entonces entia en la Clara Luz Secundaria, es decir, que cae en un estado inferior del Bardo, donde el Dharma-Kaya está como empañado, deslustrado por las oscuridades kármicas.

(30) Obsérvese la audacia en afirmar ¡lo que oye y ve un muerto! Pero, ¿no ocurre esto en todas las religiones en las que se describe los lugares adonde van las almas, cual si se hubiese estado en ellos? Por supuesto, aquí lo mismo que en el Libro de los Muertos, se ve inmediatamente "el plumero", como suele decirse, a los aprovechados inventores de todas estas patrañas: allí a los honorables sacerdotes de los templos, aquí a los bondadosísimos gurús que aparecen por todas partes como indispensables para que los muertos puedan hallarse en el Bardo como en su casa; y a falta de gurú un hermanito de la Fe, gurú menor, sacristán si se quiere, pero de los del redil lamaico.

(31) La divinidad favorita o es un Buda o un Bodisatva. Uno de estos muy popular es Chenrazce.

(32) El cuerpo astral de la teosofía.

(33) "Realidad o Verdad Madre y Realidad o Verdad de descendencia." Verdad

Madre es la verdad primordial y fundamental que no es experiencia sino luego de la muerte, cuando el "Conocedor" está en el estado de equilibrio del Bardo, antes que las tendencias kármicas hayan entrado en actividad. La Verdad de descendencia es la que se experimenta en este Mundo practicando la meditación profunda. ¿Ha sido un producto del clima o de qué ha dependido, en ciertos pueblos orientales, el gusto por los laberintos religioso-metafísicos? En todo caso un hecho es indudable: el atraso de siglos de estos pueblos, respecto a los que, sin desdeñar la religión, se han lanzado por caminos menos especulativos y han encarado las cosas no pensando tanto en la muerte, sino ocupándose más de la vida. ¿Qué habrá sido de aquellos muchísimos ricos y fastuosos monasterios lamaicos y de los avisados sabios y místicos que a su sombra vivían? ¿Seguirán meditando en los graves problemas de luego de la muerte, mientras bajo la férula de Mao pasan la vida repoblando montes, cultivando tierras o en alguna otra ocupación en modo alguno metafísica? Sería curioso saberlo, así como qué siguen pensando.

(34) Es decir, la verdad: O sea, que una vez muerto, todo ha terminado para ti.

(35) Bhagaván: el "poseedor del dominio" (de los seis poderes), el "victorioso" (este título es aplicado a muchas deidades). Vairochana es el Sendero superior de la escuela esotérica.

(36) La Madre es el principio femenino del Universo, el Padre la semilla de cuanto existe.

(37) Devas, divinidades menores.

(38) Es decir, donde todas las semillas de fuerzas universales y de todas las cosas son reunidas en formación densa. También es llamado por los tibetanos "el reino donde no hay caída" o estado que conduce al Nirvana. Por consiguiente el reino de los Budas.

(39) El dorje es el cetro lamaico, representación simbólica del rayo de Indra (Véase mi Mitología Universal).

(40) Mamaki es uno de los 108 nombres de Dolma, la diosa nacional del Tibet, Kshitisgarbha: Matriz de la Tierra; Maitreya: Amor, el Buda que por la virtud del amor divino vendrá a reformar la humanidad; Lasema: La Bella o la Coqueta; Pusfema: La que tiene flores, personificación de la Floración.

(41) La misma idea de que los rayos de la gracia terminaban por algo que agarraba al digno de ellos, un gancho o una mano, existía en Egipto. Allí los rayos salvadores de Ra, estaban representados de este modo en los templos.

(42) La prohibición de dejarse ir a la cólera es un precepto elemental no tan sólo de virtud, pues perdido el dominio de la razón se incurre fácilmente en toda clase de abusos y pecados, sino de sabiduría. En Egipto, los Preceptos de Ptah-hotep iban esencialmente encaminados a evitarla.

(43) Ratna-Sambhava, "Nacido de la Joya": el que embellece o de quien viene todo cuanto es preciso, es una de las muchas personificaciones del Buda.

(44) Sangyay-Chanma: "La que tiene el Ojo de Buda".

(45) Akasha-Garbha: "Matriz del Cielo".

(46) Samanta Bhadra: con este nombre hay dos divinidades, una el Adi-Buda, y la otra, de la que aquí se trata, el hijo espiritual de Dhyani Buda Vairochana.

(47) Mahlaima; "La que lleva el rosario". Dhupema: "La que lleva el incienso".

(48) Bhagavdn Amitaba; "Luz sin obstáculos". Como personificación de una de las sabidurías del Buda (que tenía todas), Amitaba representa la vida eterna.

(49) Cokarmo: "La que va vestida de blanco".

(50) Chenrazee; "El que mira abajo" (Avalokitesvara), personificación de la misericordia y de la compasión (véase mi Mitología Universal). Los Dalai Lamas son considerados como sus encarnaciones. Amitaba encarna en los Tashi Lamas. Chenrazee "el gran misericordioso" es a veces representado con once cabezas y numerosos brazos (mil si fuese posible), cada uno de los cuales tiene un ojo en la palma de la mano, para indicar su atención siempre dispuesta a acudir en socorro de los que sufren. Jampal: "El de la dulce Gloria", es el dios de la Sabiduría mística. Se le suele representar con una espada en la mano derecha y el libro de la Praiña Paramita, sobre un loto, en la izquierda.

(51) Ghirdima: "el canto". Aloke: "la luz". Se las representa rojas, como el elemento "fuego", llevando, la primera, una lira en las manos; la segunda, una lámpara.

(52) Preta-Loka; el infierno. Loka, en el hinduismo, es un Mundo, una división del Universo. Los "tres lokas" son el Cielo, la Tierra y los Infiernos. Según otra clasificación hay siete lokas superiores, el primero de los cuales es el Bhurloka, la Tierra, y el último, séptimo, el Brahmaloka o Cielo de Brahma. Cuando un alma llega a este Paraíso sus viajes han terminado: ya no necesita encarnar más; ya está liberada. Tanto en el Budismo, como aquí, en el Nirvana.

(53) Según la teología tibetana, si "el muerto llega al estado de Preta, es decir, de espíritu en desgracia, no puede alcanzar el Nirvana mientras tal estado dure, y obligado se verá a esperar su próximo renacimiento, luego de su paso por el Infierno.

(54) Amogha-Sidhi: "el Conquistador Todopoderoso".

(55) Dorje de cuatro ramas cortas en forma de cruz que simboliza el equilibrio, lo inmutable y el todo-poder.

(56) Estas arpías, como las griegas, son criaturas fabulosas con cabeza humana y cuerpo de pájaro. Sólo que las griegas eran del género femenino y las tibetanas hermafroditas. Además los tibetanos siguen creyendo que existen en alguna parte del Mundo.

(57) Dolma: "La que salva". La esposa divina de Avaloki-tesvara. En el Tibet es adorada una Dolma verde, en China y en Mongolia una Dolma blanca.

(58) Chag-na-Dorje: "El que lleva el Dorje". Dibpanamsel: "El que disipa la oscuridad".

(59) Gandhema; "La que extiende el perfume". Una de las ocho Diosas-Madres del Panteón hindú. Se la representa con una concha llena de perfume. Nidhema: "La que tiene las golosinas". No pertenece a las ocho Matris o Diosas-Madres.

(60) Obsérvese la monotonía de estas amonestaciones, sermones o como se les quiera llamar. Todos estos "días" son iauales con la sola diferencia de que las Divinidades que se supone encontrará el muerto en el Bardo son cada vez mas importantes; pero la misma luz divina, el mismo resplandor ensombrecido de las influencias infernales y la misma letanía. Ahora bien, nótese asimismo que, "incluso si el muerto huye espantado del fulgor de la luz divina (que pudiéramos traducir: si sus pecados le hacen un momento huir de la virtud representada por la luz sublime) esta luz salvadora le sigue para esto, para salvarle. Lo que representa una concepción diferente de la demencia de la Divinidad, que contrasta con el "para siempre", con el in eternum del Cristianismo. Frente al implacable lavé, un todo misericordioso Buda en sus formas de Amitaba o de Avalokitesvara.

(61) Las cuatro sabidurías son: Fenómeno y Vacío, Radiación y Vacío, Felicidad y Vacío y Conciencia y Vacío. Evidentemente, para llenar tanto Vacío (el enorme vacío de lo irreal, de lo inexistente, de lo mentido e inventado) falta hacía aquí como en todas las seudofilosofías teológicas inventar y suponer estados mentales de análisis, de reflexión, de afección, de felicidad, de concentración y cuantas fantasías eran necesarias para salir del paso, y suponer en cada uno de ellos una serie de preguntas aparentemente profundas (¿qué es el cuerpo?, ¿es duradero?, ¿debe ser salvado?, ¿debe ser condenado, etc.?).

(62) El Victorioso (Vi jaya): guardián de la puerta del Este. El Destructor del Señor de la Muerte (Yamantaka); guardián de la puerta del Sur. El Rey de cuello de caballo (Haija-griva): guardián de la puerta del Oeste. El Urna de Néctar (Amrita-Dhara) guardián de la puerta del Norte, encargado de transformar todas las cosas en néctar. Esta misma palabra, Amrita en sánscrito (véase mi Mitología Universal) no podía menos de tener su sentido exotérico, néctar y el esotérico, el vacío. La Portadora de Aguijón (Ankusha), contrapartida femenina de Vijava. La Portadora del Lazo (Pashadhari) contrapartida de Yamantaka. La Portadora de Cadena (Vejra-Shringkala): contrapartida de Amrita Dhara. Los guardianes de las puertas y sus contrapartidas (shaktis) tienen su significación oculta en relación con las cuatro direcciones del mándala a las cuales pertenecen. Los Bodisatvas a causa de ser divinidades Tántricas guardianas de la fe, simbolizan también los cuatro métodos empleados por los seres divinos para salvar a las criaturas sensibles de las cuales el hombre ocupa el puesto más alto: la compasión, el afecto, el amor y la absoluta justicia. El Buda "del Poder Supremo" (Shata-Kratu) el Todopoderoso de los cien sacrificios, uno de los nombres de Indra. El Fuerte Contextura (Vtrachará) nombre que designa ora la fuerza corporal ora la cota de malla que lleva el Señor del Asura-Loka, el mundo donde la guerra es la pasión dominante de la existencia (véase mi traducción del Ramayana, donde todas estas divinidades aparecen y representan papeles maravillosos). En fin, Darma-Raja el Rey de la verdad.

(63) El monje indio Bodhidharma, fundador de la escuela Dhiana, dijo ante el emperador Leang Vu Ti: "No hay Buda fuera del corazón. Fuera de la realidad del corazón todo es imaginario. El corazón es Buda y Buda es el corazón. Imaginar un Buda fuera del corazón de cada uno; figurarse que se le ve en un lugar exterior, es puro delirio." Aquí la misma afirmación es hecha del modo más claro: las Divini-

dades que se le presentarán al muerto en el Bardo no vienen de parte alguna, sino de las "cuatro divisiones de su corazón"; es decir, no están ni existen en parte alguna, sino en su cabeza (imaginación) y en su sentimiento (corazón); las deidades no están en parte alguna, sino "en las facultades de la inteligencia del creyente". En una palabra y como ya había dicho y dice el Rig-Veda: "Lo mortal ha hecho lo inmortal"; es decir, el hombre ha inventado a los dioses y luego se ha puesto de rodillas ante ellos. Sentido exotérico de todo el tinglado religioso: lo exterior, las religiones, las prácticas, el culto; sentido esotérico, oculto, útil, verdadero: la moral que todas las religiones encierran en su fondo; lo verdaderamente humano y bueno. En cuanto a la esencia de estas religiones orientales, muy particularmente el Hinduísmo y el Budismo, fue perfectamente definida por Michelet diciendo: "El carácter grandioso de esta raza (la raza hindú creadora de tales religiones) es que adorando siempre, sabe muy bien que es ella quien ha hecho a los dioses."

(64) Este cuadro que es conseguido en el Samadhi-Yoga es considerado como el estado primordial del espíritu (antes de nacer no se piensa, después de la muerte tampoco; el Nirvana estado perfecto de beatitud está en esto: en la ausencia total de sensaciones y hasta de pensamientos: en la sublime paz de la no existencia), se explica mediante la siguiente comparación: mientras un hombre permanece inmóvil en la superficie del agua, flota y es llevado por la corriente; pero si trata de coger un objeto que haya en el agua, al instante el equilibrio y la tranquilidad de que disfrutaba quedan rotos. Del mismo modo basta la formación de un pensamiento cualquiera para romper la corriente natural del espíritu.

(65) Sobre los devas y los asuras véase mi Mitología Universal.

(66) Estos cinco venenos violentos que en unión de las drogas, esclavizan y atan a la humanidad a los sufrimientos de la existencia en los seis Lokas, son: la lujuria, el odio, la estupidez, el orgullo o egoísmo, y la envidia.

(67) Los peores, los incapaces de toda Sabiduría y de toda Verdad, los ajenos a toda religión y hasta los perjuros a sus votos (promesas), los engañados por todas las ilusiones kármicas, es decir, los siempre en pecado, cuanto harán en vez de ser condenados a Purgatorios terribles o a Infiernos donde quedarán hundidos entre sufrimientos atroces por toda la eternidad, cuanto les ocurrirá, en fin, en el más allá búdico será alejarse descendiendo en busca de una nueva reencarnación. Siendo esto así (y siempre lo será para quien crea en ello) ¿qué budista cambiaría su religión por no importa qué otra, fuese ésta cual fuese?

(68) Dakinis: diosas-hadas poseedoras de poderes ocultos para el bien o para el mal.

(69) Un mudrá es un signo místico expresado por un gesto de la mano, de los dedos o del cuerpo. Ciertos mudrás son empleados, para reconocerse entre ellos (como aquí los masones), por los miembros de ciertas fraternidades ocultas.

(70) Esotéricamente, el cráneo lleno de sangre significa el renunciamiento a la vida humana, el abandono de los sam-saras, la inmolación personal en la raíz del Mundo. El mudrá de fascinación está destinado, como otros mudrás, a cambiar el sentido de las corrientes magnéticas del cuerpo. Se hace con la mano derecha levantada, el anular tocando el pulgar, el índice y el dedo pequeño tiesos, y el dedo corazón o central replegado sobre la palma de la mano. Si practicando esto no se siente que las corrientes magnéticas del cuerpo se hacen un lazo, es que se es de piedra, o que no se ha alcanzado todavía el estado de yogui, profundas desgracias ambas.

(71) De pieles de rakshasas, los demonios que tan importantísimo papel tienen en el Ramayana; demonios gigantes de forma humana, pero poseyendo, por concesión especial de Brahma a causa de sus sorprendentes actos de ascetismo, poderes supranormales.

(72) Se trata del Saber nacido en el momento en que el conocimiento termina; nacido simultáneamente con una cesación.

(73) Los mantras, palabra que en sánscrito quiere decir "instrumento para llevar el pensamiento", son himnos o fórmulas utilizados con propósitos encantatorios o rituales.

(74) Si vemos aquí aspirar y pretender no el Nirvana, sino un simple Paraíso, bien que aquél pueda alcanzarse desde cualquier estado del Bardo, es porque aquí se supone que el muerto ha caído en los planos más bajos de éste, y el Lama oficiante trata de sacar el mejor partido posible de la situación en que se encuentra su protegido, enviándole previamente a un Paraíso.

(75) Las 52 divinidades apacibles y detentadoras del Saber se supone que son emitidas por los centros psíquicos del corazón y de la garganta del cuerpo del muerto en el Bardo; las 58 divinidades irritadas serán emitidas por el centro del cerebro.

(76) Hacia el siglo VIII un mago budista-tántrico, el Gurú Padma Sambhava predicó y abrió escuela en el Tibet. Las enseñanzas fundamentales que se daban en esta Escuela relativas a la Perfección necesaria para alcanzar el estado de Buda constituían y siguen constituyendo la Gran Perfección. El angkur de Padma Sambhava comunica el espíritu de los métodos secretos. Diré que el angkur es una especie de presentación ritual de un devoto a alguna personalidad eminente del panteón lamaísta. A causa de esta presentación, entre este poderoso personaje del otro mundo y su digamos servidor o devoto de aquí abajo se establecen relaciones provechosísimas para el presentado que consigue gracias a la digamos Deidad que le protege, una vida próspera, libre de enfermedades y de larga duración, y un feliz renacimiento en un paraíso. En la mejor de las religiones les ocurre lo mismo, por lo visto, o toda otra cosa que deseen, a los que consiguen que su piedad y virtudes les presenten, por decirlo así, no ya a Cristo o a su Madre, sino a algunos de los numerosos y benéficos Santos, los Gurús celestiales de aquí. El Gran Símbolo era una de las enseñanzas del Yoga, sistema de filosofía hindú atribuido a Patanjali. Este complicado método de contemplación y de entretenimiento psíquico que aún sigue siendo enseñado y practicado por las escuelas Yoga, es también especialmente practicado en el Tibet por los adeptos de la secta semi-reformada de Kargyudpa, fundada en la segunda mitad del siglo xi por el sabio tibetano yogi Marpa, discípulo de Narota. Por cierto que demostrando que no obstante el gran número de lungs, angkurs, Yidams, Dakinis y demás prácticas de iniciación o divinidades simbólicas, creadas unas y otras para la "galería", es decir, para los simples creyentes, los verdaderos iniciados en el Budismo saben "que no hay Buda fuera del corazón" ni dioses sino en la fantasía de los hombres que los imaginan. Una tradición de los Kahgyudpas relata que Marpa fue censurado por su maestro Narota por haberse prosternado ante el Kyilhkor (especie de sagrario o altarcillo) antes de hacerlo ante él: "Yo soy quien ha construido el Kyilhkor, le gritó Narota. Lo que de vida y energía existe en él, soy yo quien se lo ha infundido. Sin mí, no habría sino figuras y objetos inertes. Las deidades que le habitan han salido de mi espíritu, y, por consiguiente, es a mí a quien es debido el primer homenaje".

(77) He aquí lo que esto quiere decir: El reconocimiento de la Realidad, es decir, que todas las visiones y apariciones en los diferentes Bardos no son sino creaciones de nuestra fantasía, influida por el temor, el miedo o las influencias aún vivas, en el difunto, de sus actos y pensamientos en la otra vida, puede tener lugar en el Chonyid Bardo o en el Sidpa Bardo. De despertar en el Chonyid Bardo, el ciclo normal de los renacimientos queda roto, y de volver el ya despierto (el ya Buda) al Mundo humano como encarnación divina, es para trabajar por el avance, mejora y ventura de la humanidad: De llegar al conocimiento de la realidad en el Sidpa Bardo, no se alcanza verdaderamente toda la Realidad, sino tan sólo el Nirmana-Kaya, pues el Sidpa Bardo es muy inferior al Chonyid Bardo como plano espiritual. Mas como, no obstante, al que tal le ocurra obtiene el admirable beneficio de renacer espiritualmente iluminado en uno de los planos más altos, sea en el deva-loka, ora en el asura-loka, de nacer a su vez en el Mundo humano gozará el privilegio de conservar lo mejor de las tendencias adquiridas en la vida precedente, y encontrará el estudio de las doctrinas místicas mantrayánicas y las prácticas yoguis tal cual las había dejado a su muerte, lo que constituirá la continuación del karma.

(78) Tahdol significa texto (todas las palabras tibetanas que empleo las escribo según su transcripción fonética, que es más sencillo y cómodo que acomodar a nuestros caracteres de escritura los empleados por los tibetanos). Así, por ejemplo, esta palabra habría que transcribirla exactamente por Btags-grol, que se pronuncia Tah-dol, luego Tahdol y en paz; y aun hubiera debido suprimir la h, que carece para nosotros de valor fonético. Este Texto es un pequeño librillo que sólo contiene manirás (fórmulas de encantamiento). Suele ser puesto junto al cuerpo del muerto para ser quemado con él y que le acompañe y proteja (o ilustre) en el Bardo Thodol, es decir, poco más o menos como pretendían los antiguos egipcios poniendo una copia de su Libro de los Muertos en el ataúd, junto a la momia.

(79) Buda-Krotishorima, el Buda Femenino, la poderosa Madre Irritada.

(80) Los Garudas de la mitología hindú y tibetana (véase mi Mitología Universal).

(81) Es decir: Incapaz de conocer la Realidad, seguirás inventando, por falta o extravío, de tu inteligencia, dioses, monstruos y fantasmas, como cuando estabas con vida.

(82) Kerima se supone tener cuerpo humano, las otras dos, cuerpo humano y cabeza de animal, cual era cosa tan frecuente entre las divinidades egipcias. Y cada una simboliza, ni que decir tiene, un impulso kármico particular.

(83) Makara: león de agua o leviatán, monstruo mitológico.

(84) Como en esta pintoresca e inocente teología tibetana todo es, como en la hindú, de la que es prima hermana, o más bien hija, todo es, digo, explicado esotéricamente para encanto de los que comulgan, digámoslo claro, con tan solemnes majaderías, hasta el Monte Merú tiene su leyenda esotérica en cuanto pivote central de la cosmografía hindú y budista. Según esta leyenda, en torno de él (el Rirab en tibetano) nuestro Cosmos está dispuesto en siete círculos concéntricos de montañas doradas; es decir, que viene a ser como el centro universal, como el soporte de todos los mundos. De modo que la concepción lamaica del Universo se la podría imaginar pensando en una cebolla de quince capas, cuyo corazón o centro es el monte Merú; debajo están los diversos infiernos; encima, y sostenidos por nuestro Monte, los cielos de los dioses, regidos, por decirlo así, por los sentidos, como los treinta y tres cielos en los que reina Indra, y los que están bajo el dominio de Mará, la potencia del Mal. Aún encima de ellos el cielo de Brahma, ya más lejos de los sentidos. Y por sobre todo, el cielo Supremo (Og-min, en tibetano), vestíbulo del Nirvana, que, fuera del Mundo, pertenece a lo supramundial, y que está presidido por la influencia divina de "Aquel que es el mejor de todos": Kun-tuzang en tibetano (Samanta-Bhadra en sánscrito), personificación lamaica del Nirvana. Al nivel del reino o cielo de Indra, y cada una en un cielo especial para ella, habitan las ocho Diosas Madres tantas veces citadas. Y en el monte Merú mismo hay cuatro reinos superpuestos. Los tres inferiores están habitados por genios diversos, el cuarto y más elevado, el que está inmediatamente bajo los cielos, es la morada de los Asuras, "espíritus impíos", titanes que, como los "ángeles rebeldes" cristianos, tras haber caído a causa de su orgullo, viven en interminable contienda con los dioses de los planos superiores. Tras una serie de capas concéntricas formadas por océanos y montañas doradas, en la quince, océano el más exterior, flotan los continentes y sus satélites. La piel de la imaginada cebolla es un muro de hierro que rodea a este Universo. Que por cierto no es el único, ni mucho menos: más allá de él hay otro y luego otro, y así hasta un número infinito. Cada Universo, como un gran huevo cósmico, está encerrado en la cascara de un muro de hierro que contiene y encierra la luz del Sol, de la Luna y de las estrellas correspondientes a cada Universo; este muro es el símbolo de la oscuridad perpetua que separa un Universo del otro. Como se verá, aunque puramente imaginativo, este enorme sistema, detalles aparte, no dista mucho del gigantesco sistema de galaxias separadas por inmensos espacios oscuros, descubierto por nuestros astrónomos. En fin, todos los Universos están igualmente bajo el dominio de la ley natural sinónima del karma, pues el Budismo no tiene necesidad científica ni teológica de afirmar o negar la existencia de un dios supremo personal y creador, puesto que la ley kármica proporciona una explicación completa de los fenómenos, todos demostrables en virtud de ella misma.

(85) Sobre los kalpas, edades o períodos de tiempo de la mitología hindú, que son los mismos que los de los tibetanos, véase mi Mitología Universal.

(86) Las célebres: Om-ma-ni-Pad-me-Hum, mantra-esencia de Chenrazee (Avalokitesvara), dios nacional tutelar del Tibet, repitiendo las cuales, los creyentes de allí,

están seguros de detener el ciclo de los renacimientos y de ir derechos al codiciado Nirvana. Naturalmnte, en torno a estas maravillosas palabras se ha formado, no podía ocurrir otra cosa, una abundante literatura. En la obra Mani-bkah-hbum (Historia del Mani o Mantra de Chenrazee) se dice: no tan sólo que este mantra es "la esencia de toda felicidad, de toda prosperidad, de todo saber, y el gran medio de alcanzar la liberación", sino que om, luz blanca del deva-loka, cierra la puerta de las reencarnaciones entre los dioses; ma, luz verde de todo estado de existencia, hace lo mismo entre los asuras; ni, luz amarilla del manaka-loka, entre los humanos; Pad, luz azul del tirkaya-loka, entre las criaturas sub-humanas; me, luz roja del preta-loka, entre los pretas; Hum, luz gris ahumada sombría del naraka-loka, entre los habitantes del Infierno.

(87) Tierra, aire, agua, fuego y éter.

(88) Estas ofensas son, a juicio de los tibetanos: parricidio, matricidio, hacer que dos sectas religiosas combatan, matar a un santo, hacer correr la sangre de un Buda.

(89) La expresión típica empleada por los gurús tibetanos es: "Como una trucha saltando fuera del agua".

(90) Como se ve, el Bardo-Thodol parece admitir que las reencarnaciones o renacimientos pueden efectuarse bruscamente, por decirlo así, y con ellas pasar de un estado a otro enteramente distinto (de hombre a dioses, devas; a demonios, asuras; a brutos, animales, etc.), sin necesidad de hacerlo a través de estados intermedios; pues bien, una vez más, aquí es preciso distinguir la interpretación exotérica (la, digamos vulgar) y la esotérica (o sabia). De interpretar literalmente las Escrituras y textos hindúes, el Bardo Thodol tibetano, las creencias egipcias llegadas a nosotros a través de Herodotos, que, a creerle, las había conocido por los sacerdotes de Heliópolis, lo que cuenta Platón en el libro décimo de La República y demás referencias antiguas relativas a la metempsicosis, es indudable que los que creían en la teoría de las reencarnaciones fiándose tan sólo en lo afirmado por los textos escritos, estaban seguros de que lo que hoy se llama el alma humana podía pasar, una vez separada del cuerpo, ora a otro ser humano, ora a un animal. En cambio, los que consideran esta cuestión desde el punto de vista esotérico (si se trata de budistas los que siguen las instrucciones del Iluminado según han sido conservadas en el Kalama Sutta del Anguttara nikaya; si de hindúes, los que piensan según escritos equivalentes del Yoga; si otros iniciados, tanto antiguos como modernos, según su iluminación esotérica particular), jamás admitirán que la corriente humana de conciencia o fluido vital humano (alma), como tampoco el fluido vital de cualquier ser vivo, animal o planta, pueda pasar de un reino al otro de un salto. Para éstos, pasar un fluido vital humano a la forma física de un animal es tan imposible como que un animal degenere en otro, o una rosa en guinda, pera, manzana o en cualquier otra fruta o viceversa. Para las doctrinas esotéricas de todos los tiempos el proceso relativo al fluido vital no admite estados neutros de inactividad sin cambio. La regresión como la progresión en la escala de los seres vivos es obra del tiempo. De larguísimos períodos de tiempo. Si una planta o un árbol degeneran por falta de cultivo apropiado, esta degeneración se traduce en que planta y árbol den frutos impropios para ser comidos, como el hombre degenerado no llega a ser otra cosa que un hombre salvaje. Pero para los cambios de especie son precisos períodos de tiempo larguísimos, como han sido necesarios para que las primitivas masas de gases incandescentes llegasen a ser planetas. Ahora, que un hombre se torne de un salto en animal irracional, esto la interpretación esotérica de cualquier texto que diga literalmente lo contrario, lo juzga unánimemente como absolutamente imposible. Es decir, que los 49 días del Bardo si para un creyente tibetano vulgar son tales 49 días, para ¡os lamas instruidos representan períodos de tiempo incalculables, edades ora de evolución, ora de degeneración. Como para ellos las formas animales del Bardo son simples símbolos que hay que interpretar del modo siguiente: La forma perro, la sensualidad; el puerco, la ignorancia o la estupidez dominada por el deseo, y también el egoísmo y la suciedad; la hormiga, la industria y el apego a los bienes de este -Mundo; el insecto o el gusano, una tendencia a lo inferior, a arrastrarse con tal de conseguir lo que se desea, etc. Por lo demás, esta tendencia a simbolizar las pasiones y vicios humanos en animales que nos parecen en cierto modo encarnarlas en su reino, ha existido en todos los tiempos, y de ello tenemos prueba, en Grecia, en las fábulas de Aisopus (Esopo), en el Antiguo Testamento en las visiones de Ezequiel; en el Nuevo Testamento, en las revelaciones de San Juan; sí, el simbolismo ha sido un procedimiento cómodo y como fácil, grato, empleado en todos los tiempos. En cuanto a la ciencia moderna, no son pocos ni de leve consideración los fisiólogos y biólogos (Huxley, E. B. Tay-lor, Rhys-Davids...) que en los curiosos fenómenos de la herencia, en virtud de la cual se modelan los caracteres individuales y las diferentes idiosincrasias particulares, se vuelven con simpatía hacia la metempsicosis, es decir, hacia las antiguas teorías de las reencarnaciones, consideradas desde el punto de vista de su interpretación esotérica. Pero hago punto, porque el examinar esta cuestión con un poco de minuciosidad me llevaría demasiado lejos.

(91) El Buda Gaya, por ser considerado como el gran centro psíquico; el seno de una madre, porque ello equivaldría, sin duda, a poder elegir voluntariamente, y muchas veces sin mérito para ello, sus futuras reencarnaciones.

(92) Los lamas dicen que, además de la vista normal, hay otras cinco clases de vista: 1°, la vista de instinto, como la de las aves de presa, que poseen un poder de visión muy superior al del hombre, es decir, una agudeza de vista que éste está muy lejos de alcanzar; 2°, la vista celestial, como las de los devas, tan capaces de ver el Mundo humano como el suyo, así como los nacimientos pasados y futuros de los seres de los dos Mundos durante varias existencias; 3°, la vista de la Verdad, cual la poseen los Bodisatvas y los Arhants (hombres de mérito tan extraordinario que han alcanzado el Nirvana por sí mismos), capaces de ver entera y completamente centenares de kalpas (períodos de mundos) pasados y futuros (es decir, más que los devas— dioses—, pero ya se sabe que en el budismo Budas, Bodisatvas y estos Arhants son superiores a los dioses); 4°, la vista divina de los Bodisatvas superiormente dotados,

capaces de ver durante millones de kalpas lo que ha sido y lo que será; 5°, la vista de la sabiduría del Buda, capaz de ver del mismo modo la eternidad toda entera. Esto lo dicen los lamas con la misma tranquilidad que los teólogos de todas las religiones aseguran de sus dioses cuanto les place. También aseguran que los poderes supranormales de los hombres pueden llegar, mediante la práctica del yoga, a igualar a los de los que han llegado al Sidpa Bardo, y para ello invocan afirmaciones que el Brahmana Vagga, Anguttara Nikaya, atribuye al propio Buda: "En este caso, suponed que un ser goza de la posesión de diversos poderes místicos: de la forma una se torna múltiple, y de múltiple vuelve a ser uno; de visible se vuelve invisible, pasa a través de un muro de defensa o de una montaña como a través del aire; camina por el agua sin dividirla como sobre la tierra sólida, se desplaza por el aire con las piernas cruzadas como los pájaros con sus alas". Naturalmente imaginar, lo que se dice imaginar, ¿por qué no se ha de poder imaginar todo esto y mucho más? Si las hadas con su varita mágica son, para los niños, todopoderosas, ¿por qué no lo han de ser, para los hombres, los dioses con la suya? Todo es cuestión de una simple cosa que es privilegio de todas las edades: la fe. Para el que cree, como dice el Evangelio de San Lucas, nada hay imposible.

(93) Dhyanas, en sánscrito, trance místico, y en el Budismo, meditación intensa concentrada en un objeto religioso; es uno de los medios más importantes para llegar al Samahdi o estado de reposo definitivo. Como ya ha sido dicho, los gurús en Oriente son como los "directores espirituales" en Occidente, honorables varones más o menos "sabios", destinados a guiar a sus subordinados a una mayor perfección, allí mental en todos sus órdenes, aquí, de ordinario, exclusivamente religiosa. Pero mientras que los directores espirituales son todos humanos, bien que sin duda divinamente inspirados (personalmente no lo puedo asegurar, por no tener otros "directores espirituales" que los libros), en el Tibet hay los gurús de carne y hueso, es decir, los humanos, a los que se les da el bonito nombre de tna-navoghas, los gurús también nacidos de mujer, pero dotados de poderes supranormales, tal se asegura al menos, por obra de su muy elevado temple espiritual, y que a causa de estos poderes supranormales, siddhi, son llamados siddhogas, nombre también sumamente decorativo, y los gurús extraterrestres o divinos, que, en atención a su linaje celestial, son denominados div-yoghas. El capitán o jefe de estos gurús divinos, y ni que decir tiene que de los humanos, es el Gurú Supremo o Padre Divino, que en lenguaje oculto de los misterios hindúes y tibetanos se dice estar sentado en un trono colocado delicadamente sobre el infinitamente magnífico pericarpio del Loto de 1.000 pétalos, hasta donde los shishyas (alumnos sometidos a las enseñanzas de un gurú) que llegan al Bardo son conducidos por sus gurús, en virtud del poder de la serpiente debido a la vigilia de la diosa Kundalini, para que se prosternen y reciban las bendiciones del Divino Padre. En fin, diré también que las mujeres pueden igualmente ser gurús como los hombres, y que lo mismo que éstos, son puestas a prueba durante un año antes de recibir la primera iniciación. Si se muestran aptas o aptos, se les sigue instruyendo e iniciando; si no, se les despacha cortésmente, pero sin remisión.

(94) En las Seis Doctrinas se dice de los que están en el Bardo: "Que viven de olores, es decir, de esencias espirituales de las cosas materiales."

(95) Esta descripción tan realista tiene, no podía ocurrir otra cosa, pues de otro modo sería ridículo tanto pormenor macabro para decir inmediatamente que todo es mentira, pura fantasía y que hasta el Señor de la Muerte no es sino una alucinación del supuesto juzgado; tiene, decía, una interpretación esotérica, según la cual todas las torturas del texto no son sino la simbolización y representación de las angustias de la conciencia del muerto cuando esta conciencia no está limpia; que el juicio es la disputa entre el bueno y mal genio del difunto, uno defendiéndole (sus buenas acciones), el otro atacándole (las malas); que el juez es la propia conciencia en su aspecto rigurosamente imparcial, movida por su amor a la justicia, y que el Espejo es la memoria. Por lo demás, puede observarse las muchas semejanzas que hay entre este juicio del Bardo y el que se describe en el Libro de los Muertos egipcio: un juez supremo en uno, Osiris; otro asimismo supremo, en el otro, Dhar-ma-Raja o Yama-Raja (Shinjechho gyal, en tibetano); en ambos juicios son pesadas las faltas de los juzgados en una balanza, en el Bardo mediante piedras blancas o negras, símbolos de las buenas y malas acciones; en Egipto, mediante el corazón del difunto, que representa su conducta o su conciencia, y una pluma o una estatua de la diosa de la Verdad en representación de esto, de la verdad y de k rectitud; en un lado vigila cómo son pesados pecados y buenas acciones Thoth, con cabeza de mono (alguna vez, pero más raramente, con cabeza de ibis); en el otro, Shinje, con cabeza de mono también; en Egipto, Thoth tiene una tabla de recapitulación; en el Tibet, un Espejo impide, como allí, que el muerto falte a la verdad, etc. Tantas coincidencias parecen indicar un origen común, es decir, la existencia de una leyenda primitiva, antiquísima, que suponiendo ya que la muerte no era sino el tránsito a una nueva vida, supuso, siempre guiada por el antropomorfismo y por una eterna necesidad de justicia insatisfecha, que lo que no se pagaba aquí tenía que pagarse en otra parte, idea general a todas las religiones en su aspecto escatológico, y que, como se ve, era admitida tanto en Oriente como en Occidente, puesto que el mismo juicio le encontraremos en Platón (libro V de La República), en todo el ciclo de leyendas célticas relativas al otro mundo, en las doctrinas semíticas relativas al cielo, al infierno, al juicio y a la resurrección (corrupción cristianizada de una doctrina del renacimiento pre-cristiano y pre-judío), y, en fin, lo que sobre estas mismas cuestiones enseña la Iglesia. Es decir, que, como indicaba hace un momento, tan extendidas, comunes y similares creencias parecen probar que unánimemente son hijas de una muy anterior a los más antiguos relatos babilónicos y egipcios, o tibetanos, que ahora nos ocupan.

(96) Esto parece significar que el cuerpo de deseo, o astral, es incapaz de ser alcanzado por los males físicos ordinarios. Los lamas dicen: "Lo mismo que en una nube, se puede hundir un sable a través del cuerpo del Bardo sin herirle"; esto parece lógico si, como dice el texto, los cuerpos, en el Bardo, son "de la naturaleza del Vacío". Ahora bien, ¿qué es este Vacío? ¿Es lo que nosotros entendemos con esta palabra, es decir, la nada? Por lo visto, no. Un Vedantista se rebelaría contra esta suposición, asegurando que su vacío es la negación, sí, de todas las determinaciones, pero no la negación del ser, y que, por tanto, este particular y para nosotros a-lógico, "es" (asti), posee la cualidad de ser. Para nosotros, como el vacío no corresponde a ninguna experiencia definida, y aquello que para nosotros no ha experimentado otros estados de conciencia, u otras experiencias, no es nada, no podemos imaginar que el Vacío sea algo; pero, en fin, el que quiera profundizar esta cuestión y tratar de comprender bien (yo renuncio) las enseñanzas del Mahayana, acuda a la obra tibetana llamada El Sendero de los buenos deseos de Samanta Bhadra, que es el tratado más conciso y claro relativo a estas enseñanzas; si sabe el tibetano, miel sobre hojuelas; si no, acuda a la traducción inglesa publicada por Sir John Woodroffe en los Tantric Texts, volumen VII, página XXI, y siguientes.

(97) Los Señores de la Muerte son Yama-Raja y sus servidores, entre ellos las también mencionadas furias.

(98) Este Señor de la Muerte con cabeza dé toro suele ser representado con cabeza de búfalo. Y lo mismo a la deidad tutelar de la secta Galugpa o de los bonetes amarillos, llamada Jampal-Shinjeshed (el Manjusrhi sánscrito), dios azul con cabeza de búfalo.

(99) En tanto que Vacío que penetra por todas partes, el Dharma-Kaya es la forma sin forma (o la forma que es la ausencia de forma) del Cuerpo de la Verdad. "Esto" que le constituye es el Dharma-Dhatu (Choes-kyi-dvyings, en tibetano), la semilla o potencialidad de la Verdad, que luce el primer día del Bardo como magnífica luz azul del Dhyani Buda Vairocha-na, el que manifiesta, "El que se hace visible en formas" (el Universo de la materia). El Dharma-Dhatu simboliza, por lo visto, el agregado de la materia. Del agregado o conglomerado de la materia salen todas las criaturas de este Mundo y de todos los mundos, en ellas la estupidez animal es la característica dominante. Mará (la ilusión de la forma) constituye en todos los reinos del Samsara— -así como en los reinos humanos en que manas (espíritu) empieza a obrar—la servidumbre, cuya emancipación es el Nirvana. Cuando en el hombre, vuelto tan perfecto como es capaz de hacerlo la vida humana, la estupidez de la naturaleza animal y la ilusión de la forma o personalidad son transmutadas en saber justo y en divina sabiduría, la sabiduría omnipenetrante del Dharma-Dhatu (o sabiduría nacida del vacío que penetra por todas partes) viene a lucir en la conciencia. ¿Tiene el lector bastante o es capaz de aguantar todavía un poco? Porque si aún soporta, le explicaré brevemente, es cosa de gran importancia (bien que a mí particularmente me tenga sin cuidado), las cinco Sabidurías. Ea, un poquito de paciencia y vamos con ellas:

Así como el conglomerado de materia brillante produce en el Bardo, el primer día, cuerpos físicos, el elemento agua brillante produce, el segundo día, la corriente de vida, la sangre. La cólera es su pasión oscureciente, su conglomerado la furia. El elemento tierra del tercer día, al producir los principales constituyentes sólidos de la forma humana y de todas las formas psíquicas, da nacimiento al egoísmo. Su conglomerado es el tacto. El elemento fuego del cuarto día, produciendo el calor animal de los seres humanos y de los animales encarnados, da nacimiento al apego, al cariño, a la codicia, y tiene como conglomerado las sensaciones. El elemento aire del quinto día produce la respiración de la vida. Sus cualidades o pasiones en el hombre son la envidia o los celos, su conglomerado la volición. Y ahora las Sabidurías: la transmutación de las pasiones oscurecientes de los dos primeros días producen las dos primeras sabidurías: la semejante a un espejo personificada en Vajra-Sattva, y la de "El triunfador del espíritu divino heroico" o Dhyani Buda Akshobya del Sambogha-Kaya. La transmutación del conglomerado del tacto, del tercer día, se torna en sabiduría de igualdad, personificada en Ratna-Sambjava, "El que embellece". La transmutación de las sensaciones del cuarto día da lugar a la Sabiduría de todo discernimiento (gracias a la cual el devoto conoce todas las cosas como separadas, no obstante estar unidas; estímese la ventaja que ello produce), personificada por el Buda Amitaba, "El de la luz infinita". En fin, la transmutación de la volición del quinto día de la "Sabiduría que realiza todo", más la perseverancia y la infalibilidad en las cosas espirituales, personificadas en Amogha Siddi, el Conquistador todopoderoso, el que concede el divino poder. Nada más.

(100) Eon, del griego aeon, "el que es siempre", "eternidad", "edad". Los Gnósticos empleaban esta palabra para designar las manifestaciones, los atributos particulares de la Deidad insondable; emanados de la Potencia suprema, su reunión constituía el Pleromo, la Plenitud de la Divinidad, el mundo trascendente. Fue en Valentín donde más amplitud adquirió la eonología; en su sistema, los Eones son masculinos y femeninos, y la unión de dos Eones complementarios forma una pareja, o sizygia. El que quiera tener una idea, si ya no la tiene, de lo que son cierta clase de locuras disimuladas bajo la capa de la falsa filosofía, vea, en mi obra Pitágoras, lo que señalo sobre este Valentín, en su tiempo, no obstante, tan admirado.

(101) Indudablemente dice esto por lo que afecta a los sacrificios de animales, por suponerse—animados, en general, los tibetanos más instruidos, como los hindúes, éstos en mayor proporción y de un modo general y casi absoluto, por ese admirable sentimiento que empuja a respetar la vida a todo ser viviente—que cuando un animal es sacrificado en honor de un difunto, éste es incapaz de escapar al funesto resultado kármico del sacrificio que cae sobre él. Por ello, supónese que grita a los vivos que cesen de realizar actos semejantes, pero como éstos no le oyen, como es natural, se predispone a encolerizarse al no verse escuchado y obedecido; y como la cólera debe ser evitada a todo trance en el Bardo, de entregarse a ella cae y se hunde en los estados de espíritu inferiores, denominados Infiernos.

(102) Mantra, que se supone tiene poder mágico suficiente como para transmutar el alimento ofrecido a los muertos en lo que es apropiado para ellos.

(103) El poder de presciencia íntegro, según los lamas, comprende el conocimiento del pasado, del presente y del futuro, la posibilidad de leer en el pensamiento de los demás, y el conocimiento claro y perfecto de la capacidad y limitaciones de quien goza de tan maravilloso privilegio. Pero los que están en el plan del Bardo gozan, cierto, según los que tales cosas creen, de presciencia, pero sólo de una presciencia limitada.

(104) Se supone que el Bardo tiende a que el difunto vuelva a nacer, a causa de las tendencias kármicas, que son todo lo contrario de la "fuerza opuesta" o iluminación del estado de Buda. Por eso el que el difunto se oponga a ello con todos los medios de que disponga.

(105) Nacimiento supranormal o milagroso por transferencia del principio consciente de un loka a otro.

(106) La germinación mediante granos o esporas, proceso propio del nacimiento en el reino vegetal.

(107) Esto se interpreta esotéricamente diciendo que según el karma se puede nacer con las tendencias particulares que los animales nombrados simbolizan. Tomado en sentido esotérico, así como lo que va a continuación, tal vez fue escrito por los inventores de todo este tinglado, como por los autores de los Infiernos y sus penas y castigos eternos de todas las religiones, para intimidar a los espíritus incultos y ver de llevarles a la buena vida a favor del miedo.

(108) Dri-za (en sánscrito Gandharva), comedores de olores o de perfumes, hadas de la mitología hindú-budista (véase mi Mitología Universal).

(109) Las percepciones supranormales (Mngon-shes, en tibetano; Abhijña, en sánscrito) citadas con más frecuencia son: la visión y la audición supranormales, la lectura del pensamiento, la ciencia del poder milagroso, la memoria de las existencias anteriores y la ciencia de la destrucción de las pasiones. Para las personas vulgares, una vez muertos, tales poderes, si los tienen, en el otro lado son limitados o se agotan, mientras que para un Buda o un adepto-maestro de Yoga, su adquisición es de tal modo permanente que subsiste en todos los planos de conciencia aun luego de la muerte. En lo que a los vivos afecta, no hay duda que ciertas personas gozan de poderes supranormales, mejor sería decir particulares a ellos, y mejor aún, más desarrollados en ellos que en los demás, en virtud de los cuales estas personas, conocidas corrientemente con el nombre de médiums, pueden producir o hacer que se produzcan fenómenos, que los espiritistas vinculan de buena o mala fe en los espíritus o almas de los muertos, bien que se trate de simples exteriorizaciones de "fuerza" todavía mal conocidas, precisamente por no darse de un modo relativamente desarrollado, sino en individuos dotados de un psiquismo particular que, como tantas otras cosas, la "fe" de los que creen más de lo debido, o en todo caso torcidamente, en estas cosas, magnifica y aumenta, y la desvergüenza de otros explota. De modo que entre vivos, es decir, en personas (médiums) dotadas de estas facultades, como digo, poco corrientes, pase, en un grado muy limitado, por supuesto, lo de las visiones y audiciones supranormales (cuya veracidad no es fácil siempre comprobar), y lo de la lectura del pensamiento (más bien adivinación y también dentro de límites tan casuales como modestos).

(110) La expresión exacta del texto es curiosa; dice, traducida literalmente: "En cuarto lugar, volver la boca es fácil", imagen tomada de lo que se hace con los caballos mediante el bocado y la brida. Aquí el principio consciente, lo que el Bardo llama el "Conocedor", hace la operación psíquicamente.

(111) Ya he indicado en la nota 84 que la cosmografía tibetana es, así como la hindú, enteramente pintoresca. Entonces a propósito del famoso monte Merú que, a creerles, se eleva 250.000 kilómetros sobre el océano encantado central, que tiene a su vez otros 250.000 kilómetros de anchura y profundidad. Pero vengamos ahora a los Continentes. De éstos, los cuatro principales mencionados en el Bardo Thodol están situados en las cuatro direcciones y a su lado hay otros más pequeños, hasta 12. El continente del Este es llamado en tibetano Lu-pa o "gran cuerpo". Su forma simbólica, un cuarto de luna, y a causa de ello, su color, blanco; sus habitantes tienen los rostros como cuartos de luna también y pasan por espíritus tranquilos y virtuosos. Este continente tiene un diámetro de 30.000 kilómetros. El continente del Sur es nuestro planeta la Tierra, llamado Jambu Jambúling. Su forma simbólica es de un omóplato de carnero, como la cara de sus habitantes. Su color es azul. Dominan en él la riqueza y la abundancia y una mezcla de cosas buenas y malas. Es el más pequeño de los cuatro continentes: 22.000 kilómetros de diámetro. El continente Oeste es llamado Baglangsoyod (vaca, buey, acción literalmente). Tiene la forma del Sol y su color es rojo. Sus habitantes tienen la cara redonda y son considerados como muy poderosos y acostumbrados a nutrirse de animales (cual sugiere su nombre literalmente). Su diámetro es de 30.000 kilómetros. El continente Norte se llama Sgra-misnyan, su forma es cuadrada y su color verde. Sus habitantes tienen la cara cuadrada. Viven de lo que producen sus árboles. Es el continente más ancho: 35.000 kilómetros de diámetro. Nada más.

(112) Sala (el shorea robusta), árbol de madera muy dura que es uno de los gigantes de los bosques de la India. Fue considerado durante mucho tiempo como el árbol por excelencia, a causa no tan sólo de su tamaño y abundancia de follaje, sino por su floración verdaderamente espléndida (véase en mi traducción del Ramayana, donde este árbol es citado muchísimas veces, la descripción del despertar de la primavera en los bosques, hecha por el propio Rama). Además, para los budistas era y sigue siendo el árbol sagrado, pues según sus creencias el nacimiento, la Iluminación y la muerte de Buda se efectuaron bajo uno de estos árboles. —Bramze es la palabra tibetana para designar brahmán.

(113) Los cuatro puntos cardinales, los cuatro puntos intermedios, más el cénit y el nadir.

(114) Esotéricamente, entre los seres humanos semejantes a los brutos, pues, como ha sido dicho, los lamas budistas no creen posible pasar, de salto, de una especie a otra.

(115) Estos agregados, según ciertos sistemas de yoga, son veintisiete: los cinco elementos (tierra, agua, fuego, aire y éter); los cinco shandhas (cuerpo, sensación, sentimientos, volición, conciencia); los cinco aires (descendiente, igualador del calor, penetrante, levantante, mantenedor de la vida); los cinco óranos de los sentidos (nariz, orejas, ojos, lengua, piel); las seis facultades (vista, olfato, oído, gusto, tacto, razonamiento); más la mentalidad. Detrás de estas 27 partes que constituyen la personalidad impermanente, está el subconsciente, el "Conocedor", que, a diferencia de la personalidad, es el principio capaz de realizar el Nirvana.

(116) Se trata de una pequeña versión métrica del Bardo Thodol, fácil de aprender y de recitar, y a la que se atribuye poder liberador.

(117) Queda el cuerpo libre, según los lamas tibetanos, despojándose de las ocho servidumbres: La ronda nunca acabada de los placeres unidos a la existencia de los devas; el estado de guerra incesante, unido a la existencia de los asuras; la ausencia de ayuda y la servidumbre, unidas a las condiciones que dirigen el mundo bruto; los tormentos del hambre y de la sequía, unidos a la existencia de los pretas; el calor y el frío en límites extremados, unidos a la existencia del Infierno; la irreligión o la religión pervertida propia de ciertas razas de la humanidad; y el séptimo y octavo lugar, las pruebas físicas y otras, soportadas a causa de ciertas condiciones de encarnación humana. Para obtener un cuerpo perfectamente dotado, es preciso poseer naturalmente: fe, perseverancia, inteligencia, sinceridad, humildad, más nacer en un momento en que la religión prevalece, es decir, en el momento en que un Iluminado ha encarnado o la fuerza de sus enseñanzas dirigen el Mundo, y, finalmente, encontrar en tal momento un gurú superiormente inteligente.

(118) Mediante una catapulta se dirige una piedra enorme en la dirección que se quiere: esta doctrina permite al difunto, según los que la predican, claro, dirigirse hacia su liberación.

(119) Del mismo modo que el agua facilita el traslado del madero, del mismo o semejante modo, se cree (o se predica al menos, pues no siempre se cree lo que se predica) que esta doctrina permite al difunto alcanzar planos de existencia adecuados, e incluso una existencia semejante a la del Buda.

(120) Se refiere a los animales que se sacrificaban (pues ahora que se han apoderado los chinos comunistas del Tíbet, cualquiera sabe lo que ocurrirá allí; probablemente habrán hecho desaparecer "por las buenas" todas las prácticas cultuales) para alimentar a los lamas e invitados durante los funerales. Ni que decir tiene que esta prohibición solía ser transgredida, por aquello de que una cosa es predicar y otra dar trigo: como el que hace la ley hace la trampa, los venturosísimos lamas se oponían a que se matasen animales en la casa..., pero no a que los trajesen muertos de fuera; con lo que la conciencia y la doctrina, satisfechas, y el estómago, más.

(121) No nos engañemos sobre el significado verdadero de "actos virtuosos"; los actos virtuosos ahora se refieren a los siguientes: alimentar a los lamas y dar lo que sobre a los pobres, dar limosnas, textos religiosos y estatuas sagradas a los monasterios (monasterios que tenían fama de atesorar, a fuerza de siglos de dones, riquezas incalculables), y, de ser el difunto hombre de fortuna, donaciones, cuanto más cuantiosas más meritorias, a estos mismos monasterios.

(122) Los Libros Guía, como ya he dicho en otra nota, son tratados de dirección práctica, no tan sólo durante la vida y con vistas siempre al Bardo, sino para luego, una vez llegados a él, con objeto de alcanzar lo más fácilmente posible el estado de Buda y el Nirvana.

(123) "Devoción perfecta", en sánscrito Sadhana.

(124) Como por lo visto los perros poco amables abundaban o abundan en el Tíbet, los viajeros llevaban talismanes especiales (supongo que en forma de garrote) para protegerse contra ellos. En cuanto al número, como ya sabemos, el 7 es uno de los números favoritos en todo el Oriente.

RELATO PERSONAL
POR QUE TRADUJE EL BARDO THODOL

Empezando octubre de 1911 llegué a París por primera vez. Iba pensionado por el Gobierno español. Mi propósito era estudiar cuanto pudiera relacionado con las cuestiones sociales. El año anterior había pasado varios meses en Burdeos adiestrándome en el francés, y en esta población escribí la memoria necesaria para obtener la beca e incluso desde allí la solicité. Esta beca era de 350 francos mensuales. Mi padre me enviaba otros 350. Un empleado del Credit Lyonnais venía invariablemente el primero de cada mes a pagarme. Siempre me preguntaba si quería billetes o luises. El oro corría entonces por casi toda Europa con la misma abundancia que hoy el níquel, y yo le respondía que luises, porque las agradables monedas hacían bonito a través de unos bolsillitos de malla de plata que entonces estaban de moda para los hombres.

Setecientos francos eran en aquel tiempo una pequeña fortuna. Tenía un amigo, un tal Guimbal, empleado en el Ayuntamiento, que no sé si llegaba a ganar ciento. Los maestros de escuela tampoco cobraban más. Yo, cada vez que metía en mi portamonedas de plata los 35 luises, me imaginaba que aquel mes no me los gastaría. No obstante siempre, al llegar el día 20, el bolsillo estaba tan vacío como repleto el día primero. Tan escasas eran ya las moneditas doradas que me tenía que someter a un régimen de economía forzosa. Y es que no sé cómo, empecé a calcular mal desde el primer mes, puesto que aquel octubre mismo recuerdo que la señorita Lyon, a quien forzoso me fue confesar el día 26 ó 27 mi «détresse», es decir, que estaba en la «déche» total, lo que se dice sin un céntimo, me tuvo que hacer un préstamo para que no tuviese que declararme en huelga de hambre forzosa. Más tarde era Bharati (¡ay!) quien venía en mi socorro cuando no me atrevía a sablear a mi padre.

La señorita Josefa Lyon era la dueña de dos apartamentos, como ahora se dice, derecha e izquierda, del piso segundo de la casa número 39 de la calle Delambre. Era una francesita muy morena, muy viva, muy franca, muy independiente, muy simpática. El falso pudor hipócrita inglés la hubiera sublevado (como a la mayor parte de las francesas); nuestra no menos falsa moral de sacristía, lo mismo. Había nacido en Cavaillon (la mejor tierra de melones de Francia); había sido cantante, y aún conservaba restos de una voz que no debió ser mala y todo el repertorio de óperas que había cantado y que le gustaba recordar entonando trozos en el silencio de la noche, cuando cruzábamos el jardín de Luxemburgo volviendo de la Taberna del Panteón. Creo recordar que me dijo haber perdido la voz (a lo mejor digo un disparate, de tal modo parece alejada la causa del efecto) por obra de un mal parto. Cuando yo la conocí tendría unos treinta y cinco años, un pelo muy negro, grandes ojos pardos, mucha alegría en todo el cuerpo y un amigo, el señor Gerard, arquitecto, que la quería mucho, con el que seguramente acabaría por casarse, y que, por lo visto (mejor debiera decir por lo oído, pues lo escuché de su boca), no fue el autor del accidente que le hizo perder la voz.

El señor Gerard era todo lo contrario que ella: largo y delgado, también muy simpático, y tenía además de una amiga, la señorita Lyon (que supiéramos, al menos), un enemigo de cuyas trastadas fuimos a veces víctimas no tan sólo la señorita Lyon, sino Bharati y yo: un automóvil de aquellos de entonces que marchaba (o no marchaba, más bien esto que lo otro) no con gasolina, sino con carbón, como una locomotora, bien que con menos regularidad. Un domingo que amaneció con sol y acabó lloviendo nos dejó a mitad de camino entre Versalles y París, y cuando al fin nos decidimos a abandonarle por no pasar en él la noche, ¡cómo nos pusimos tras una caminata, bajo la lluvia, de cinco o seis kilómetros, hasta alcanzar el primer coche que nos llevó a la rué Delambre!.

Entre los cursos que empecé a frecuentar y el más grato de todos, era uno sobre las Sociedades Cooperativas de producción que daba un profesor tan sabio como amable: el señor André Gide. El señor Gide era autor, además de una porción de trataditos relativos a las Sociedades Cooperativas, en las que era seguramente la primera autoridad, no ya de Francia, sino de Europa, de una de todo punto excelente Economía Política, y asimismo de una magistral Historia de las Doctrinas Económicas, ésta en colaboración con otro profesor, el señor Rist.

El señor Gide tenía ese don o arte especial de los profesores latinos, muy particularmente los franceses, de exponer lo mucho que sabía de modo tan claro como ameno, por lo que desde el primer día acudí a sus clases con verdadero agrado. Tanto más cuanto que aquel hombre tan amable como culto y simpático (había ido a verle a su casa con una carta de presentación que me había dado el señor Palacios de aquí, y a pedirle permiso, bien que naturalmente no hiciese falta, para asistir a sus cursos) no solía pasar día (las clases eran bisemanales) sin que al acabar me llamase para señalarme tal o cual conferencia que podría interesarme, y hasta para darme, si era preciso, la tarjeta necesaria para entrar.

Una tarde, pasadas las vacaciones de Navidad y ya en pleno enero, acabada la clase iba a buen paso por la «rué des Ecoles» hacia el bulevar San Miguel decidido a tomar el Metro, cuando una grata voz femenina, previo el indispensable «pardon», me hizo detenerme. Era ya muy entre dos luces y caía una lluvia fina, menudita, pero que iba arreciando por momentos; de esa llamada en España, según las regiones, calabobos, sirimiri u orbayo, que parece que no es nada y pone al que la desafía como una sopa. Al volverme, vi lo poco que pude en el primer momento: una joven cubierta con abrigo-impermeable de piel negra, y un sombrero a la moda de entonces, de lo mismo, más unos ojos también negros en una cara que me pareció muy blanca.

—Perdóneme. Vengo a usted de parte del señor Gide.

—¡Ah! Usted dirá. Pero si quiere, vamos a cruzar, nos meteremos en aquel café y allí podremos hablar tranquilamente. Porque esta lluvia parece que no, pero cala. ¿Galopamos hasta allí?

—Vamos.

—¡Cuidado con escurrirnos!

La cogí del brazo para protegerla, esperando que la suerte me protegiese a mí, y un momento después estábamos al abrigo de la lluvia. Una vez dentro me quité el impermeable y el sombrero y ella hizo otro tanto. Entonces pude verla bien. Era más bien alta. Casi de mi estatura. Yo, con mi metro setenta entonces, nunca fui un buen mozo, pero en mujer una talla que pase de uno sesenta y cinco es otra cosa. Aquélla tenía los ojos negros, como he dicho, «en amande», rasgados y hasta me parecieron un poco achinados, pero muy hermosos. Es extraordinario el encanto, la vida, la expresión que los ojos pueden dar a la cara. En muchas personas lo son todo y no hace falta más. El pelo rubio, la tez, de un color ideal, muy blanca y sonrosada y en toda la cara un gesto que más bien se adivinaba que se veía de enigmática sonrisa producida tal vez por el propio conjunto armonioso de las facciones; y digo enigmática porque en realidad era una curiosa mezcla de dulzura y de autoridad. Vestía de negro. Otro detalle me sorprendió también cuando al sentarse pude ver un poquito de sus tobillos (pues entonces se usaban las faldas hasta abajo): llevaba medias de color rosa.

—¿Sabe usted cómo llaman a esta lluvia en mi país? Yo soy español. Ya lo notará por mi acento. Pues la llaman calabobos.

—Me apresuré a explicarle, como pude, lo que quería decir, pues había pronunciado la palabra en español.

— Se decide uno a salir (lo digo porque he estado esperando un rato antes de echarme a la calle) creyendo que no es nada, y a los cinco minutos se está calado como un pato, como se dice aquí.

—No hay mal que por bien no venga. Si se va usted en seguida no hablamos hoy.

Se había acercado un camarero.

—¿Qué quiere usted tomar?

—Té.

—Pues traiga dos. ¿Lo quiere usted con leche?

—No.

—Dos tes y limón para mí. A mí me gusta poco el té, pero echándole limón me sabe menos a té. Pero creo que me ha dicho usted que la había mandado a mí el señor Gide, ¿no?

—Así es. He llegado hoy al curso por primera vez. Me ha parecido muy interesante. Y al acabar, me he acercado para preguntarle dónde podría encontrar lo que llevaba ya explicado, y entonces, señalándole a usted que salía, me ha dicho: «Aquel joven seguramente le podrá facilitar a usted los apuntes que toma todos los días.»

—Pues con mucho gusto, pero vea usted

—seguí mostrándole el cuaderno en que, en efecto, los tomaba los tomo en español, porque, como acabo de decirle, soy español. Mi nombre es Juan. Juan Bergua.

—El mío, Bharati. Yo soy tibetana.

—¿Tibetana?

—Tibetana.

—¿Tibetana con esa cara de rosa, de nácar, de flor que tiene usted?. En aquella flor de cara me pareció que la misteriosa sonrisa que parecía animarla continuamente se acentuaba un poco más; pero si ocurrió fue un segundo, porque me replicó con la misma voz tranquila de antes:

—En todos los países hay flores seguramente y en el mío dos tipos de mujeres. En general tienen el tono de la piel oscuro. Y, con frecuencia, las de tipo moreno tienen un ligero reflejo azulado malva en la piel que les da, en conjunto, como un suave matiz rojizo. Pero en las provincias centrales muchas son como yo, blancas y con las mejillas sonrosadas.

—Yo, si hubiera tenido que imaginarme a una tibetana hubiera pensado, qué sé yo, en las chinas. Pero nunca hubiese imaginado que las hubiese como usted. Quiero decir no tan sólo blancas de un blanco perfecto, sino con el pelo de oro.

—No, con el pelo como el mío no las suele haber; todas tienen el pelo negro. Si yo tengo el pelo rubio es porque mi padre era inglés.

—¡Ya! De todas maneras, que hubiese mujeres blancas allí no lo hubiera creído nunca. Por supuesto, todo lo que sé de su país lo podría decir en cuatro palabras y seguramente, además, decía cuatro inexactitudes.

—A ver.

—Pues que el Tibet es una especie de gran meseta situada al norte de la India...

—Al noroeste más bien.

—Bueno, al noroeste. De su extensión y población, la verdad, no tengo ni idea. Un millón doscientos mil kilómetros cuadrados. Habitantes, sólo tres millones.

—Que a causa de su altitud media de cuatro mil metros...

—Mejor tal vez cinco mil.

—¡Pues una friolera! ¡Más que el Mont Blanc! ...es llamado el techo o terraza del Mundo. Que la vida debe ser casi imposible a causa del frío. Que la ocupación de los hombres a lo mejor sigo diciendo tonterías, es el pastoreo; el régimen político una teocracia presidida por un Dalai Lama, verdadero «papa» de allí; y que este papa vive misteriosamente, considerado y reverenciado como un dios, en cierto monasterio palacio adonde por lo visto es muy difícil acercarse, en Lhassa, capital, según parece, del Tibet. Y es todo.

—No es mucho, en efecto. Ni muy exacto. En lo que al suelo respecta, la Alta Meseta es, sí, una región desértica, desolada, silenciosa, muerta, de vegetación escasa, puesto que su temperatura media es de menos diez grados. Este páramo duro y casi deshabitado se extiende desde Khandjont hasta el curso superior del río Amarillo. Pero luego, yendo hacia el Sur, la tierra empieza a descender, aparecen ya las aguas corrientes (arriba predominan los lagos) y el aspecto de suelo y paisaje se va modificando y dulcificando poco a poco hasta llegar a los valles profundos del Sur, donde el clima es templado, suave, y la vegetación exuberante y, hasta en ciertos sitios, tropical. Y que el clima es dulce lo prueba que allí las casas tienen los tejados planos, como azoteas, donde las mujeres se reúnen para hacer labores y los hombres a conversar. En cuanto al Dalai Lama (monje-rey) es, en efecto, el soberano temporal tanto político como religioso, pero sus atribuciones en este último aspecto no son en modo alguno comparables a las de los papas católicos. Ni Tsong Khapa, primer abate del monasterio de Gahlden (cuna de los Dalai Lamas, situado a unos veinte kilómetros de Lhassa), ni ninguno de los doce Dalai Lamas que ha habido a partir de él, fueron considerados como infalibles ni fueron investidos del poder de imponer creencias a los fieles ni de excomulgar a aquellos cuyas opiniones se apartaban de las suyas. Tsong Khapa fue tan sólo un maestro religioso que, siguiendo la obra empezada por Atisa, un místico anterior, se propuso y se esforzó en reformar la disciplina monástica, muy relajada a la sazón en el Tibet.

—Como aquí entonces, cuando hubo que reunir el Concilio de Trento, en el siglo dieciséis, con el mismo fin.

—Allí, Tsong Khapa lo consiguió de, tal modo que sus discípulos fueron llamados gelugspas, «los que tienen costumbres virtuosas». Y para distinguirlos de los otros monjes, cuyos sombreros eran rojos, él se los puso a los suyos amarillos. Por eso sigue habiendo los «bonetes rojos» y los «bonetes amarillos».

—¿Y no hubo lucha entre ellos?

—Sí. La reforma de Tsong Khapa, bien que consiguiese traer a una parte del clero lamaísta a una vida más austera, no apagó la sed de bienes temporales y de grandeza mundana. Además, como no puede haber paz en un gallinero en que hay dos gallos, Lobzang Gyatso, el quinto de los Dalai Lamas, con la ayuda de un príncipe mongol que se había apoderado de nuestro país, deshizo mediante las armas el poder de los «bonetes rojos». Gran número de sus monasterios fueron destruidos, otros confiscados en provecho de los «bonetes amarillos», los monjes que los habitaban incorporados por la fuerza a los triunfadores, y la soberanía temporal del país dada a Lobzang Gyatso por su protector mongol; es decir, exactamente lo mismo que cuatro siglos antes otro mongol, Khubalai Khan, se la había concedido al Gran Lama de Sakya, el otro gallo, que esta vez...

—Se quedó cacareando, pero sin plumas, ¿no?

—Si usted quiere. Y fue este Lobzang Gyatso quien en el mismo sitio en que el gran rey Strongbsten Gampo había construido en la colina de Pótala, en Lhassa, en el siglo séptimo, una fortaleza entonces en ruinas, levantó el monasterio-palacio que, engrandecido luego poco a poco con nuevas construcciones, constituye la residencia actual de los Dalai Lamas. Residencia grandiosa, sí, pero sin nada de misterioso ni tan siquiera de particular en lo relativo a los ritos que en él se celebran, que son los mismos que en todos los demás monasterios, bien que el marco, en Pótala, sea mucho más grandioso. También se diferencia de ellos en su carácter aristocrático. O sea, porque tan sólo los hijos de las familias nobles y ricas son admitidos en él como monjes. Ni que decir tiene que el honor de ser trapa, es decir, monje en tal monasterio (monasterio se dice gompa, en tibetano) cuesta a las familias desembolsos enormes, pues ellos son los que aportan el dinero necesario no tan sólo para la conservación y enriquecimiento constante del monasterio, sino para el mantenimiento de sus huéspedes.

—¿Y los pajaritos qué hacen allí, comer y rezar?

—No, no. Por supuesto que comen y rezan, pero es que para estar allí, además de ser hijos de las mejores familias, tienen que ser cultos, y suelen serlo. Teniendo como tienen a su servicio, pues los pagan, a los mejores maestros, acaban por poseer conocimientos, es decir, cierta erudición escolástica que aquí en Europa, claro, representaría poco, pero que allí es todo en estas cuestiones. En los monasterios de Sera, Gahlden, Depung, y sus anejos, que avecinan al de Lhassa, hay también, como en éste, junto o algunos lamas verdaderamente piadosos, otros de notable inteligencia, cultos, agudos, filósofos más bien escépticos, algo bastante epicúreos muchos, y a quienes, escuche usted con benevolencia y comprensión, se lo ruego, siguió con amable dulzura aquella criatura encantadora que por momentos me iba interesando más y más, no les inquieta demasiado la caridad, forma suprema de la piedad en nuestra religión; ni, por supuesto, la sed de soledad; ni buscar, como otros, el desierto como morada.

—Pero, dije admirado

—¿a usted quién le ha enseñado todas estas cosas y a decirlas como las dice?

—He tenido también buenos gurús. Gurú quiere decir maestro. Director espiritual. A dos de ellos, los principales y a los que más quiero, tendrá usted tal vez ocasión de conocerlos si seguimos viéndonos.

—¡Pues no hemos de seguir! Siquiera no sea sino por hacer los cursos del señor Gide juntos. Pero ¿están aquí entonces?

—Ellos son los que me han traído. Uno, el señor Walker, me ha enseñado el inglés, su lengua natal, el francés y todo cuanto sé sobre Europa y sus costumbres. El otro es un lama sumamente sabio, lingüista y orientalista de primer orden: el señor Yondgen. Este ha sido mi gurú en cuestiones religiosas.

—La religión de ustedes, el Budismo, es una religión curiosa. Una religión sin Dios.

—Es más bien un sistema filosófico. Y mejor aún una regla de vida.

—¿Y qué es lo primero que se enseña en ella?

—A mí Yondgen ante todo me hizo aprender de memoria estas palabras de Buda: «No creáis nada concediendo fe a la tradición, incluso aunque haga siglos que muchas generaciones y en muchos lugares hayan creído en ello. No creáis algo por el hecho de que muchos hablen de ello y lo crean o finjan creerlo. No creáis fiándoos en la fe de los sabios de tiempos pasados. No creáis en lo que vosotros mismos os imagináis pensando que Dios os inspira. No creáis algo tan sólo porque os parezca suficiente la autoridad de vuestros místicos o sacerdotes consejeros. Sólo tras maduro examen creed en aquello que hayáis experimentado vosotros mismos y reconocido razonable y conforme a vuestra conciencia.»

—Extraña religión que empieza por decir al que va a iniciarse en ella: ¡No creáis en nada! El señor Yondgen lo que le ha enseñado a usted en realidad ha sido a no tener religión.

—Si entiende usted por religión lo que como tal se entiende aquí en Occidente, así es. Pero tener una religión sí la tengo. La religión para nosotros los budistas no es culto rendido a un Dios, puesto que en esencia el Budismo es una creencia atea, con objeto de que nos proteja, sino un método enseñado por sabios, que nos ayuda a conocer el modo de librarnos de la ilusión y a alcanzar la liberación espiritual por nosotros mismos. Es, pues, religioso en el Tibet no el que, a nuestro juicio, pierde el tiempo en rezos que nos parecen vanos, que nadie recoge y que a nadie importan, sino el que se instruye en aquello que conviene saber en provecho propio y de los demás.

—Esto no dudo que sea bueno y hasta que constituya una noble enseñanza, pero de religión no me parece que tenga nada. En cuanto a esa liberación de ustedes, ¿en qué consiste? ¿Qué es para ustedes liberarse?

—Pasar de un estado en que todas las preocupaciones, nobles o bajas, espirituales o materiales, basadas en las concepciones producidas por nuestra ignorancia, dejan de existir.

—Le voy a decir a usted con toda sinceridad que, sin duda, a causa de mi falta de preparación, esto me suena un poco a hueco. Me haría falta tal vez que el señor Yondgen me diese también a mí unas lecciones, siquiera para empezar a comprender. Más me interesaba lo que me estaba usted contando de los Dalai Lamas. ¿Quiere usted seguir un poquito, si cree usted que queda algo aún que valga la pena de referir?

—Tal vez, que si el quinto Dalai Lama se hizo célebre por su energía y su gusto por el fasto, el sexto también, pero éste por sus costumbres libres, su inteligencia notable y sus facultades extraordinarias como poeta. Si conociese usted nuestro idioma se deleitaría leyendo poesías suyas que allí siguen todavía corriendo de boca en boca.

—Enséñemelo usted y yo le enseño a usted el español. Es más, aunque no dudo que su lama poeta...

—Tsang Yang Gyatso.

—Pues bien que Tsang Yang Gyatso hiciese poesías excelentes que, en efecto, me gustaría conocer, creo que si usted conociese a su vez las de ciertos poetas nuestros, casi olvidaría las suyas.

—No sé. ¡Son tan delicadas, tan bellas!

—¿Quiere usted recitarme alguna a ver si aprecio, al menos, la musicalidad? Sin esperar a que se lo rogase de nuevo me recitó las estrofas siguientes que me tradujo al punto:

Como se mira al melocotón apetitoso colgado fuera de alcance en lo más alto del melocotonero, miro yo a la muchacha de noble familia encantadora y llena de vigor juvenil.

En pleno camino, habiéndome escapado, he encontrado a mi amada la del perfumado cuerpo. ¡Divina turquesa azul! Pero la he encontrado, ¡ay!, para tener que separarme de ella.

Doncella hacia la que va mi corazón... ¡Si pudieras ser para mí creería haber obtenido la perla más hermosa del Océano!

Siguen otras estrofas y acaba:

Mi espíritu se ha ido muy lejos. Mis noches carecen de sueño. El día no me trae sino el ensueño de mi deseo... ¡Mi corazón está muy fatigado!

—Por supuesto, usted, claro, no puede apreciar toda la hermosura de estos versos porque la poesía no se puede traducir. Si lo he hecho ha sido por complacerle.

—Se lo agradezco a usted muchísimo. Tanto más cuanto que, mire usted qué cosa más curiosa, es decir, cómo algunas veces los poetas tienen inspiraciones gemelas cual si la misma musa les embargase. Escuche usted ahora los siguientes versos de una gran poetisa griega, Safo (Sapfo en realidad), que dijo algo semejante, en griego, muchos siglos antes:

¡Oh doncella deliciosa semejante a la dulce manzana que se tiñe de rojo arriba, muy arriba, en la rama más alta del árbol! Los cogedores de manzanas la han olvidado... No, no la han olvidado, ¡es que no han podido alcanzarla!

—¿Usted hace versos?

—Algunas veces. Cuando me haya enseñado usted el tibetano y yo a usted el español, los haré en ambos idiomas para usted. De modo que si acepta usted, empezamos cuando quiera las lecciones.

—La promesa es demasiado tentadora (pues aprender, como dice Yond-gen, es enriquecerse) como para no aceptar.

—Le cojo la palabra. ¿Es muy difícil el tibetano? ¿Es como el chino?

—Sí y no. Más bien no. Constituye un paso del monosilabismo a la aglutinación. En nuestra lengua existe la derivación por medio de sufijos. Tenemos ocho vocales breves, ninguna larga y veintiocho consonantes.

—Nosotros, veintiocho signos entre vocales y consonantes. Me va usted a sacar, aprendiendo, una ventaja enorme.

—Ya veremos, porque la fonética nuestra es bastante sencilla. La morfología es semejante a la china; en cambio, la escritura deriva del alfabeto indio, importado en el siglo séptimo al mismo tiempo que el Budismo. Además, nosotros no dividimos las palabras al escribirlas, como ocurre en las lenguas europeas. Cada sílaba está uniformemente separada de la siguiente por un punto. Pero bueno, ya sabrá usted esto y lo demás, porque hoy es ya un poco tarde para empezar la primera lección.

Yo, no sabiendo qué hacer para retenerla, pues por momentos me interesaba más y más aquella criatura deliciosa, le dije:

—Tiene usted razón. Mejor será empezar mañana. Pero permítame usted aún una última pregunta: ¿Qué fue del lama poeta? Porque ¿no me ha dicho usted que era de costumbres algo libres?

—En lo que a sus costumbres afecta él mismo se lo explicará a usted en estos dos versos suyos:

En Pótala soy Tsang Yang Gyatso, grande y noble cumplido. En la ciudad un libertino grande y un... empedernido.

La palabra que falta no la digo porque creo que no sabría traducirla con la debida expresión. Y aunque supiera no me atrevería a hacerlo.

—Y los «bonetes amarillos», ¿siguen siendo austeros?

—Algunos tal vez no. En todo caso entre ellos no están permitidas las bebidas fermentadas ni el matrimonio. Entre los «bonetes rojos», sí, ambas cosas; salvo a los religiosos que han recibido el gelong, la ordenación mayor. En unos y otros está prohibido: comer fuera de las horas señaladas para ello, es decir, por la tarde; acostarse en lechos altos y cómodos; el canto, el baile, el adorno y los perfumes. En cuanto al pobre Tsang Yang Gyatso, sus contemporáneos, no obstante sus distracciones considerables, considerándole reencarnación de Lobzang Gyatso y avatar de Tchenrezig, siguieron creyendo en él. Pero los chinos, que entonces ejercían la soberanía efectiva en nuestro país, sobre deponerle le condenaron a muerte.

—Por un lado la fe haciendo milagros; por otro, la eterna plaga maldita de la intolerancia.

—En fin, para que tenga usted ya una idea algo más completa de nuestra jerarquía religioso-política le diré que, además del Dalai Lama, tenemos el Tachi Lama, segunda cabeza en importancia, bien que inferior al Dalai Lama, puesto que éste, además de avatara, es decir, encarnación de Buda, es el verdadero soberano temporal del Tibet. Los Tachi Lamas no se ocupan oficialmente de política y suelen vivir retirados (digo suelen porque a veces hay ambiciosos que conspiran) en su feudo de la provincia de Tsang. Su título oficial es el de «El precioso erudito de Tsang». Los Tsang Pentchens (pentchen es la adaptación tibe-tana del sánscrito pandita o pandit sabio) son los Grandes Lamas del monasterio de Tachi Ihumbo (montón de prosperidad), en Jigatzé. Y por ello su nombre de Tachi Lama.

—Es decir, que aquello es una teocracia en que no hay sino los lamas que viven sin trabajar y los pobres pastores, que lo hacen por y para ellos.

—Hay, además, los nobles.

—Entonces como en todas partes. Pero los más poderosos los lamas, ¿no?

—Es que son muy numerosos. Viene a haber uno por cada cinco habitantes, contando, claro, mujeres y niños. Es decir, unos cuatro mil.

Se me escapó un silbido.

—¡Y nos parece a nosotros que aquí en Occidente hay muchos curas!

—¿Quedamos entonces?

—En lo que usted diga. ¿Quiere usted que nos reunamos mañana mismo por primera vez?

—Si usted quiere. Y mejor por la tarde, porque por la mañana me tengo que ocupar en buscar una habitación. No quiero estar más en la Legación de mi país.

—En mi casa hay una vacía, me apresuré a decir. La mejor. Son todas buenas, pero ésta de que le hablo además de la alcoba tiene un gabinete muy bonito. Pero, claro, como son dos piezas es cara.

—Si me conviene, por dinero no he de dejarla, dijo sencillamente.

—Cuesta cien francos. Yo pago cincuenta y cinco por la mía.

—¿Cuándo la podré ver?

—Venga usted mañana por la mañana.

—¿A qué hora?

—Eso usted lo dirá. A mí me encontrará usted a la que vaya y a la señorita Lyon, la propietaria, también.

—¿A las diez y media entonces?

—A las diez y media. La estaré esperando.

Llamé al camarero y pagué, impidiendo que lo hiciese ella como quería.

—¿Y adonde tengo que ir?

—¡Ah, es cierto! Rué Delambre, treinta y nueve, segundo piso. Estaré junto a la ventana y la veré llegar.

—Entendido.

Salimos y aún fuimos juntos hasta el Metro. Allí nos separamos porque íbamos en dirección distinta. La Legación del Tibet estaba, como luego supe, en un hotel particular en la rué Dupleix.

*   *   *

Bharati llegó al siguiente día a las diez y media en punto como habíamos convenido. La presenté a la señorita Lyon, vio las dos habitaciones de que le había hablado, le gustaron y se quedó con ellas. Luego dijo que aquella tarde misma haría la mudanza. Es decir, que traería sus trajes y demás. Después supimos que hacía quince días que había llegado a París y que se había alojado en la Legación de su país. El Tibet no tenía Embajada, sino un Cónsul Delegado General que hacía de Ministro Plenipotenciario. También nos dijo que no quería estar más allí, y hasta nos confesó el porqué con su deliciosa seriedad ingenua: le desagradaba la compañía de Dagmedma, la mujer del señor Dadul, el Cónsul. Este mismo, que era excelente persona, la soportaba también difícilmente. Pero callaba y sufría porque ella le tenía completamente dominado. El matrimonio reduce a la condición de esclavos a los hombres buenos, pero sin voluntad. Como empujados por la Naturaleza al caer en la ley de las compensaciones gustan de cuanto a ellos les falta, suelen caer en manos de lobas que hacen de ellos verdaderos peleles. Los quince días que llevaba en París los había pasado recorriéndolo y viendo museos y demás en compañía del señor Yondgen y del señor Richard Walker, sus gurús.

Cuando se trata de fisgar, los ojos de las mujeres son cámaras fotográficas. Una sola ojeada, ¡clic!, les basta para verlo todo, para enterarse de todo. Se encuentran dos mujeres, o una mujer con un hombre, es igual, y la primera mirada, de arriba abajo, es para fotografiar mentalmente, a el que tiene junto a ella. Un instante después cada una puede decir de la otra no tan sólo y con todo detalle cómo va vestida, calzada, peinada y alhajada, sino incluso si tiene un punto en una media. Si se trata de un hombre sabrá ya más de su traje, su camisa, su corbata y su sombrero que él mismo.

Previa la mirada investigadora (que no pareció ser desfavorable para una y otra a juzgar por la franca y animada charla que siguió), Bharati, mademoiselle Lyon y yo, en efecto, luego de visitar las dos habitaciones, charlamos un buen rato animadamente. Por supuesto, nuestra patrona era en esto deliciosa: tenía siempre lo que pensaba en la punta de la lengua, aunque lo que pensase fuese picante. Pero como lo decía con tanta sinceridad como ingenioso desparpajo, siempre caía bien.

Ni que decir tiene que, además, de todo lo demás, vio al instante que Bharati llevaba en la mano izquierda una sortija en la que yo no había reparado. Cierto que yo no había podido pasar todavía de su cara.

—Lleva usted una sortija muy bonita

—Bharati se apresuró a sacarla de su dedo y dejarla en los de la señorita Lyon, que la curioseó a su gusto—. ¿Es una esmeralda?

—Sí.

—¿Pero buena?

—Sí.

—¿Y estos dibujos? No había visto nunca esmeraldas cinceladas.

—Tal vez no sea frecuente cincelarlas por ser piedras muy duras, dije yo.

Aquélla era, en efecto, una esmeralda magnífica, engarzada en un anillo de oro también primorosamente cincelado. Bharati nos hizo observar que estaba trabajada por ambas caras.

—Y esto, ¿qué es?

Se veía, en la cara principal, un signo con cuatro ramas cortas en forma de cruz, y todo alrededor como otros signos misteriosos.

—El Dorje. Es decir, el cetro-rayo crucial. Y estos signos que le rodean las sílabas sagradas por excelencia: Om-ma-ni-pad-me-hum. Por este otro lado, el Tilpú, una campanilla, como ven, rodeada a su vez por símbolos fonéticos: S-A-Na-Tri-Pre-Hung, que representa los seis modos de la existencia samsárica.

—¿Y qué es eso?

—El Samsara es la rueda de la vida que gira sin cesar, llevando con ella la ronda de los nacimientos y de las reencarnaciones hasta que el alma obtiene el moksha, la liberación. Generalmente, en mi país, los lamas de cierta graduación llevan el dorje grabado en una sortija de oro, en la mano derecha, y el tilpú, en otra de plata, en la izquierda. Pero yo tengo derecho a llevarlos en un solo anillo.

—¿Y por qué llevar las dos cosas?, pregunté yo.

—Porque ambas forman el thabs-chesrab.

—¿Y qué es eso?, saltó la señorita Lyon.

Bharati, siempre con la mayor naturalidad, respondió:

—Para la gente vulgar, para los no letrados, los órganos de la generación masculinos y femeninos. Esotéricamente, místicamente, si prefieren ustedes, thabs es el yab, el padre, es decir, el «método» y chesrab, la madre, el «conocimiento». Para que la enseñanza sea eficaz hay que unir ambas cosas.

—Luego, dirigiéndose a mí, añadió:

—Cuando venga usted a mi país y vea las estatuas, en los monasterios, y lo mismo en la India, representando dos figuras de diferente sexo enlazadas, deberá interpretarlas en este sentido. Los extranjeros suelen equivocarse considerándolas como parejas obscenas. Pero hay que excusarles. No saben nada, claro, o muy poco de cuanto se relaciona con nuestras creencias.

Yo, cada vez más sorprendido oyéndola, le pregunté:

—¿Y estos signos fonéticos?

—Om es blanco y se refiere a los dioses, devas. Ma es azul y se refiere a los no-dioses, asuras. Ni es amarillo y se refiere a los hombres. Pad es verde y se refiere a los animales. Me es rojo y se refiere a los no-hombres, pretas. Hum es negro y se refiere a los habitantes de los purgatorios y de los infiernos.

—¿Y quiénes son los no-dioses y los no-hombres?

—Los no-dioses son los asuras; en tibetano, pues asura es palabra sánscrita, los Lha-ma-yin, es decir, una especie de titanes siempre en guerra contra los dioses, devas, a los que envidian, y cuyas moradas se esfuerzan por conquistar. Los hombres gustan en todas partes reflejar en los seres supraterrestres, tras inventarlos, sus debilidades y codicias. Los no-hombres, mi ma yin, son los Yidags, es decir, los pretas de la mitología hindú.

Se trata de seres de cuerpo gigantesco, parecidos a montañas, pero cuyo cuello es filiforme. Naturalmente, la ínfima cantidad de alimentos que pueden ingerir a través de semejante tragadero es enteramente insuficiente para alimentarlos, por lo que siempre están atormentados por el hambre y la sed. Además, cuando se acercan al agua para beber, ésta se les convierte en llamas. Para aliviar su sufrimiento los lamas les ofrecen cada mañana agua consagrada que no se altera cuando los yidags vienen a beber. En la categoría de no-hombres están también comprendidos los semidioses, los santos, los genios y los espíritus de las diferentes clases, maléficos o benéficos.

—¿Pero ustedes creen en todas estas cosas?—saltó mademoiselle Lyon. Bharati respondió con su dulce seriedad habitual:

—Allí, como en todas partes, el pueblo inculto cree, y los que saben tienen la caridad de no quitarles sus ilusiones.

Yo, cada vez más interesado, pregunté aún:

—¿Y los signos que rodean el tilpú qué dicen o qué representan?

—S, sura o dios para el mundo deva. A, asura o titán para el mundo asura. Na, nara u hombre para el mundo humano. Tri, trisan o animal bruto para el mundo bruto. Pre, preta o espíritu desgraciado, para el mundo preta. Hung (de huan, caer), infierno para el mundo infierno.

Cuando la señorita Lyon salió, Bharati me preguntó que a qué clases iba. Se lo dije, así como que de todas, la que más me interesaba era la del señor Gide. En adelante, ahora lo puedo ya confesar, fue a la única que continué yendo sin perder una, en compañía, por supuesto, de Bharati. Le dije también cuál era mi vida de ordinario e incluso dónde comía: Hasta el veinte de cada mes en un Duval cualquiera. Los Duval era una sociedad de restaurantes (los había en todos los barrios) donde por cuatro o cinco francos se comía, aun con una gazuza como la mía, francamente bien. A partir del veinte, como ya estaba casi sin dinero, comía en un restaurante no lejos de la rué Delambre, «chez Cause», donde por un franco, propina comprendida, se tenía derecho al cubierto y pan, un «saucisson-beurre» (tres rajitas de salchichón y tres montoncitos de manteca), un trozo de carne con patatas fritas y un plátano o una naranja. También le dije que de ordinario los dos o tres últimos días de cada mes tenía la señorita Lyon que prestarme algunos francos para que comiese, bien en casa de Cause, ya en cualquiera de los restaurantes (en el barrio Latino los había una puerta sí y otra no) donde por un precio de uno o dos francos se comía; o de tener un apetito como el mío, se jugaba al escondite con el hambre. Como al oírme rió de veras por primera vez, de veras y de un modo delicioso, ahondé, con gran satisfacción suya, sobre mi apetito y sobre los equilibrios, por mejor decir, desequilibrios monetarios de fin de mes.

Luego tratamos de cosas serias: de nuestras lecciones tibetano-españolas, que decidimos emprender aquel mismo día por la tarde después de la mudanza. Y de común acuerdo decidimos también salir a comprar un diccionario francés-español y otro, si lo encontrábamos, francés-tibetano; y, en fin, cuanto nos pareció que íbamos a necesitar para las lecciones: cuadernos, lápices, etc. Luego nos iríamos a comer al Duval de la rué Rennes.

Pero antes de salir y cuando íbamos a hacerlo, ocurrió algo que no esperaba. En el momento de tomar la puerta sacó de su bolso unas preciosísimas alforjitas tejidas con seda la mitad de un amarillo-sol vivísimo y la otra mitad azul-turquesa, que se cerraban mediante dos anillos de oro trabajado, repletas de luises, y me las tendió del modo más natural. Y como yo, sorprendido, no hiciese nada por cogerlas, me dijo con la sencilla serenidad con que hablaba siempre:

—Si lo permite usted, puesto que ahora me he escapado, por decirlo así, de la tutela de mis gurús, me pongo bajo la suya. Pareciéndome que vamos a estar juntos casi siempre, ahórreme el trabajo de tomar decisiones. Como no hará usted nada que no sea bueno y conveniente, le seguiré contenta a todas partes. Usted pagará cada vez lo que gastemos. Cuando necesite algo para mí sola ya se lo diré para que lo apruebe.

Oyéndola me quedé tan aturdido, que apenas acerté a balbucear al cabo de un momento:

—Pero...

No comprendiendo bien lo que me pasaba, Bharati dijo entonces como entristecida:

—¿Le ha ofendido a usted, o le ha molestado lo que le he propuesto?

—¡No, no!—exclamé conteniéndome para no cogerla entre mis brazos y pagar su dulce, sincera e inocente sumisión con la única moneda digna de tanta dulzura—. Pero entonces haremos una cosa: Cuando se acabe el dinero de mi portamonedas empezaremos a gastar de las alforjitas.

—Bueno—respondió volviendo a tranquilizarse. Y sin más salimos felices.

Al llegar a la calle se cogió de mi brazo con la misma sencillez e ingenuidad con que me había ofrecido las alforjitas y empezamos, sin darnos cuenta, la primera lección. Yo le decía en español, palabras sobre lo que veíamos, y ella las repetía una, dos, tres veces como para grabarlas mejor en su memoria, y luego las traducía al tibetano y yo hacía lo mismo. Y así fuimos entretenidísimos hasta la primera librería.

Por la tarde, cuando hubo acabado de poner su ropa en el armario, trabajamos un rato. Le dicté, en francés, la primera lección del señor Gide, y en francés también la pasó ella a su cuaderno. Al acabar fue al armario, sacó de él una primorosa cajita de laca roja con dibujos, en oro, de plantas (lotos) y dragones y me la puso en las manos.

—¿Qué es esto?

—El khadag. Se escribe, y me deletreó: khabtags. En el Tibet solemos ofrecer un khadag a los maestros como anticipo a lo que nos van a enseñar. Y usted ahora es mi maestro, mi gurú. Vea si le gusta lo que contiene la caja.

Lo hice. Dentro había un preciosísimo chai de seda blanca con dibujos amarillos respresentando pagodas y flores y dragones. Muy viejo está pero aún le tengo. Es para mí una reliquia.

Aquella noche invitamos a cenar a la señorita Lyon. Luego volvimos a casa y hasta pasadas las once estuvimos juntos tomando unas infusiones de tila muy buena, que ella tenía.

Ya en la cama no pude conciliar el sueño en mucho rato. ¿Qué le compraría yo a ella que no tuviese inconveniente en aceptar? Jamás me había sentido tan feliz.

*　*　*

Una de las muchas cosas sabias y verdaderas que por lo visto dijo Buda (o será que yo empecé a admirar a Buda desde que empecé a adorarla a ella) fue: que los que hablan del Paraíso y del infierno no mienten sino cuando los sitúan fuera de la Tierra.

¡Gran verdad! Yo disfruté de un paraíso insospechado, ¡ay!, junto a Bharati durante varios y brevísimos meses. Brevísimos, alados, fugaces, ¡pero de qué modo felices!... Fueron como la incomparablemente venturosa antesala del Infierno que me aguardaba. Pero no adelantemos los acontecimientos.

Al verdadero paraíso precedió un dulcísimo purgatorio. Desde la inolvidable mañana en que llegó a la calle Delambre no nos volvimos a separar salvo cuando ella, cada vez más de tarde en tarde, iba a la Legación de su país, o yo al Consulado del mío para dar fe de vida y que viniese la pensión al mes siguiente. Si entonces la dejaba (en general con la señorita Lyon, recorriendo algún gran almacén donde nos reuníamos una vez mi visita cumplida), era para que no tuviese que esperar caso de que por haber gente en el Consulado, me viese obligado a hacer antesala. También, claro, nos separábamos por las noches, cuando tenía que arrancarme de su lado y dejar su cuarto para irme al mío.

En general las noches las solíamos pasar los tres, la señorita Lyon, ella y yo (si venía el señor Gabriel, los cuatro) charlando y tomando unas tazas de tila con unas gotas de agua de azahar; o tal vez el señor Gabriel y yo un «grog» que yo mismo preparaba (agua caliente, limón, azúcar y ron). Otras veces íbamos al teatro (siempre había en el buzón de las cartas papeletas para entrar a mitad de precio) o a la Taberna del Panteón a pasar un rato y a tomar allí una infusión, tila o verbena, o el grog. Si a la Taberna, a la vuelta había concierto: cantaba mademoi-selle Lyon trozos de «Carmen» o de «Fausto», cantaba Bharati, a media voz, melodías tibetanas, e incluso me hacían destrozar a mí alguna canción española, pues la pareja Gabriel-Lyon aseguraba que «j'avais la voix juste» y Bharati, ¡ay!, a Bharati pronto empezó sin duda a parecerle todo lo mío como a mí todo lo suyo. Sólo que, claro, que a mí me pareciese celestial cuanto pensaba, decía o hacía ella era natural, porque... porque Bharati era ¡divina! Cuando más tarde supe al fin que en ella habitaba una Diosa, aunque era imposible me pareció natural. Así deben pensar, sin duda, los que creen en los milagros.

Y como el tiempo corría, pero, qué digo correr, ¡volaba!, nos lo robaban, llegó la primavera tras un invierno que por lo visto fue muy crudo. Las fuentes eran, sí, caprichos de hielo, fantasías de agua helada y el Sena casi dejó de correr por la superficie. Pero yo no sentí en aquellos meses otro frío que el delicioso de las dos azucenas que por manos tenía Bharati, cuando de vuelta al cuarto las metía en mi pecho para que se las calentase.

Esto, el tener que separarme de ella por las noches, y el no cogerla entre mis brazos y... ¡comérmela! a cada instante, constituía para mí el dulce purgatorio de que he hablado. Porque no era atrevido sino cuando estaba solo en mi alcoba. Entonces era, antes de dormirme, el forjar planes para el siguiente día calculando cómo iniciar dulces atrevimientos. Planes que se fundían, que dormían en cuanto estaba a su lado y que ni siquiera los honestos atrevimientos suyos eran capaces de despertar. Aquel: «como no hará usted nada que no sea bueno y conveniente, le seguiré contenta a todas partes», me detenía, aniquilaba todos los propósitos, hacía enmudecer mis más vehementes deseos, porque si se enfadaba y la perdía...

Una tarde salí para ir al Consulado. Bharati y la señorita Lyon se quedaron en casa porque tenían que coser no sé qué que se estaban haciendo. Apenas hecha la visita, volví a tomar el Metro y llegué como una bala. Pero al entrar y no ver a Bharati pregunté a mademoiselle Lyon que dónde estaba.

—Pierda usted cuidado que no se la han quitado. Ha ocurrido que como poco después de salir usted ha dejado de llover ha dicho: «Y si me fuese en un momento a la Legación, que hace cerca de un mes que no aparezco por allí...» Y se ha marchado. Pero esté usted tranquilo que no permanecerá allí mucho tiempo. Y si quiere usted oiría preguntar a ella también por su español en cuanto abra la puerta, no tiene sino esconderse en cuanto la oiga llegar. ¡Pero cómo están ustedes de locos los dos, el uno por el otro!

—¿Ella también?—dije yo ingenuamente. Con tanta ingenuidad que la señorita Lyon empezó a reír que no acababa. Cuando pudo hablar añadió:

—De todas maneras, el verdadero amor, ¡y este de ustedes es de los de calidad!, es delicioso.

—¿Pero usted cree que Bharati me quiere?

Tras un instante de contemplarme sonriendo, dijo:

—¡Delicioso, sí! Verdaderamente delicioso. En cuanto a usted, si estará usted enamorado que el amor, como hace siempre que aprieta de veras, le ha vuelto a usted ciego... y ¡tímido! Es decir, que no solamente no se ha dado usted cuenta de que ella está tan loca por usted como usted por ella, sino que están ustedes sufriendo los dos a causa del mismo deseo, y perdiendo en suspiros un tiempo ¡precioso! Precioso y mal empleado, porque lo que se pierde no se recupera—Esto diciendo se levantó, se acercó a mí y mientras ella misma me quitaba el impermeable, pues yo, oyéndola me había quedado como alelado, siguió tuteándome cariñosamente—: ¿Pero qué ha sido, «espagnoulas», de tu antiguo atrevimiento?

Pero aquí voy a hacer un pequeño paréntesis para explicar por qué decía esto. Lo contaré, sí, pues además de ser pintoresco, me complacerá hacerlo porque como ahora soy ya viejo y las ilusiones han quedado atrás, vivo de recuerdos.

Meses antes, muy pocos días después de llegar yo, llegó a su vez y alquiló una habitación que quedaba libre en el piso del otro lado una muchacha, Jeanne Guilvard, muy guapa. Tenía una cara tan regular y tan bien dispuesta que ganaba la vida posando en talleres de pintura o de escultura. Sola en París (su madre vivía en Chartres), apenas llegó y nos conocimos, empezaron las tertulias nocturnas con la señorita Lyon, con la que, por supuesto, no tenía yo aún suficiente confianza. Quiero decir que aún no sabía cuan amplia era su generosidad y admirable tolerancia en cuestiones relativas al negociado del corazón. Total que una tarde, ardiendo tras un apretado dúo de labios, le dije a Jeanne:

«Esta noche, luego de la velada, me vengo a tu cuarto.» Tras unos mohines de decorosa protesta fingida, un beso muy largo cerró el trato luego de una última duda: ¡Y si la señorita Lyon se enterara...! ¡Bah!, tomaría mis precauciones: primero, aguardaría a que estuviese dormida; luego, vendría descalzo para no hacer ruido; incluso (como lo hice) tantearía antes el suelo para ver dónde la tarima del piso no crujía, o lo hacía menos, al poner los pies, en ella.

El cuarto de Jeanne estaba al otro lado del rellano de la escalera. Allí estaba su habitación, dando, por un lado, con la del señor Gaillard, un violinista que además del violín tenía una perrita minúscula, muy mona y cariñosa, llamada «Miguita» («Miette»); por el otro lindaba con la de cierta dama muy elegante que venía un par de veces por semana a realizar una obra de misericordia: a consolar a un triste. El triste en cuestión era un caballero asimismo discreto y distinguido. Estaba además en aquel lado la habitación de la señorita Lyon y una cocina. Yo tenía, pues, que dejar mi cuarto sin ruido, salir a la escalera, cruzar, abrir sigilosamente la puerta del otro lado, pasar como una sombra el rellano crujiente y alcanzar el codiciado paraíso.

Y así fue. Mejor dicho, así hubiera sido sin la... ¡pajolera «Miette»!, que, cuando estaba a punto de alcanzar el deseado refugio, empezó a ladrar desaforadamente. Aquel animal, que cuando nos oía entrar y hablar a media noche no se inmutaba, sin duda reconociendo las voces, por ruido que hiciésemos, oyendo pese a mis precauciones lo que sólo un animal era capaz de percibir y juzgando por la propia cautela que allí habría fechoría, dio la voz de alarma con un vigor sólo comparable al del rayo con que yo la hubiese fulminado en aquel instante, de haberme sido posible.

Naturalmente, me apresuré a hacer marcha atrás, pero como al llegar al rellano de la escalera oyese la puerta de la señorita Lyon que se abría aún más deprisa que yo escapaba, seguro de que no tendría tiempo de alcanzar mi cuarto hice lo único que en mi precipitación y aturdimiento se me ocurrió: echar escalera arriba y quedarme tal cual iba, es decir, sin más ropa que la que llevaba Adán antes del coqueteo de la manzana, en el rellano inmediato superior. Es decir, donde me cazó la señorita Lyon tras cruzar el otro como una centella, encontrar ambas puertas abiertas, asomarse a mi cuarto, ver el nido vacío... Y hacer que se enfadaba mientras yo volvía a mi habitación con las orejas gachas.

Al día siguiente nos reímos mucho los tres acariciando a «Miette» (inútil maldecir: garantizo que las maldiciones no matan ni a hombres ni a animales). Sí, pero la noche anterior gracia hubiera hecho falta para hacer que mis labios hubiesen iniciado una sonrisa.

Pero vuelvo a mi narración. El «espagnoulas» estaba otra vez todo azorado delante de aquella simpática morenucha, sí que menos desvestido.

—¿Pero usted cree...?—volví a balbucear.

—Mire usted, no perdamos tiempo, no sea que vaya a venir de pronto. He hablado con ella porque también, sin darse cuenta, daba unos suspiros que levantaban lo que estábamos cosiendo. Y le he dicho poco más o menos lo mismo que acabo de decirle a usted: que por qué estaban ustedes perdiendo el tiempo, y por qué consentía que sufriese usted y sufría ella misma cuando tan fácil era evitarlo. Que hiciese algo por ayudarle a usted a echar por la borda la timidez que le embarga, hija del mucho y verdadero amor que le tiene, y que dejasen ustedes ya de suspirar... ¡qué diantre!, a no ser juntos.

—¿Y ella?

—He aquí exactamente lo que me ha dicho tras pagar el debido tributo a su ingenua honestidad poniéndose como una amapola: «Para mí no habría felicidad comparable a la de hacerle feliz, en vez de sufrir, como dice usted que sufre. Pero...

—¿Pero?—la atajé yo.

—...«Que si me quedase encinta me mataría.»

—¡Palabras, hija mía!

—¡Me tendría que matar!—exclamó con tal seguridad que casi me asusté.

—¿Qué dice usted?

—Me mataría, sí, lo que sería atroz para ambos... Y para mí, ¡ay!, no por morir sino... ¡por dejarle!

—¿Y entonces?—dije yo desolado.

—Entonces, ¡qué diablo!, le he dado la solución. Mire usted, la he dicho: un mal parto me perjudicó a mí mucho, como les he contado a ustedes. Pero después he aprendido. Lo de «creced y multiplicaos» es muy bonito, pero dar consejos es más fácil, siempre, que seguirlos. El exceso de multiplicación cuesta cada año millones de víctimas, por lo visto, allá en Asia, donde se mueren de hambre. Y es que la Naturaleza es implacable y con eso de la conservación de las especies nos juega unas partiditas serranas. Y total, por hacer mal las cosas el que las haya hecho.

Porque lo que yo digo: ¿por qué las mujeres, en vez de parir con dolor, no ponemos tranquilamente un huevo, cantando, como las gallinas? Nos arrullaríamos sin miedo, como tórtolos, y luego, ¡tras!, un huevecito. Y entonces se decidía lo que convenía hacer:

—Oye, Felipe, ¿qué hacemos? ¿Lo empollamos o decimos a mamá y a los del tercero que bajen y les convidamos a torrijas o a una buena tortilla de gambas? Y no que ahora o se queda uno en suspiros, lo que no es posible, o... Por supuesto, ha habido que ingeniárselas e inventar remedios; y acudir a la ciencia; y yo le he dado a ella uno de estos remedios en forma de pastillas, maravilla de la química alemana. Y ahora, a buen entendedor, acabo rápidamente... Porque me parece que sube por la escalera con el señor Gaillard. Y de lo que le acabo de decir a usted, ¡ni una palabra! No lo vaya usted a estropear ahora. Deje usted que ella lo haga todo.

Un instante después, en efecto, Bharati y el señor Gaillard estaban allí. Y como las cosas como cuando se ponen a salir bien lo hacen tan perfectamente como cuando se empeñan en lo contrario, el propio violinista la venía animando para que fuésemos a Tabarin aquella noche donde, no sé con motivo de qué, habría una gran fiesta.

Saberlo y proponer yo que fuésemos los cuatro juntos fue todo uno y lo mismo. Pero, ¡oh alegría (alegría que disimulé, claro), el músico no podía, tenía algo que hacer; y mademoiselle Lyon se excusó también porque tenía que salir con el señor Gabriel. Pero (aquella mujer era un ángel) nos animó mucho a que fuésemos nosotros.

Bharati dijo que ella no sabía bailar como se bailaba aquí en Europa. Yo me apresuré a asegurarle que era el momento de empezar a aprender. Total, que acordado quedó que iríamos a Tabarin y a Tabarin fuimos.

A una discreta seña de nuestra patrona yo salí con un pretexto. Entonces ella, como luego supe por Bharati, advirtió a mi amor que lo único que teníamos que hacer era tomar precauciones al regresar a causa de la portera, que era una «chipie» (una arpía, una mujer suspicaz y de mal carácter). En efecto, ella era la encargada de abrir la puerta ae la calle cuando se llegaba después de cerrado el portal. Se hacía sonar el timbre, la «chipie» abría desde su cama y luego había que decir el apellido del que entraba, al pasar frente a la portería.

Un coche nos llevó allá después de cenar.

Fue una noche inolvidable. Yo hacía por estar discreto, y hasta encogido, bien que por dentro, tras lo que me había dicho nuestro ángel tutelar, me sentía el Bayardo de los enamorados. Ella, por su parte, estaba como siempre, serena, tranquila, dulce, sumisa, ¡infinitamente deliciosa!

En Tabarin tomamos una mesita y pedí una botella de Lanson. Luego le propuse bailar.

—No sabré.

—Aprenderás en seguida. Además, ¿quién se daría cuenta de si lo hacemos bien o mal con las parejas que hay?

Un instante despúes estábamos entre otros muchos, y como ellos, muy juntos. Era la primera vez que la tenía por la cintura y tan cerca de mí. Y loco, empecé a estrecharla contra mi pecho suavemente. Y junté mi mejilla con la suya.

Luego le susurré muy bajito: «—¿Ves cómo lo haces muy bien?» Un momento pensé que tal vez fuese mejor callar, pero no pude:

—¡Bharati!

—¿Qué?

—Te voy a decir algo que no te he dicho nunca.,. ¡Te quiero mucho...! ¡Mucho, Bharati!... ¡Más que a nadie!... ¡Como no he querido nunca!—y no mentía—. ¡Como no creí nunca que pudiera querer!... ¡Bharati!

—¡Mi dueño!...

—¡Bharati, yo quiero casarme contigo!... Nos casaremos, Bharati, ¡te lo juro! Bailamos aún otro baile, y otro, y no sé cuántos más. Hasta que ella dijo:

—No quisiera, corazón, cansarte más por esta noche. La próxima vez que vengamos ya verás cómo lo hago mejor. Y nos fuimos.

Un «fiacre» de los de entonces nos llevó hasta casa. El trayecto, muy largo, se nos hizo unos segundos. Como en Tabarin, íbamos ya metidos uno en otro y con las caras y las bocas, ¡al fin!, juntas. Cuando estuvimos ante la puerta le dije:

—Ahora, para que la portera no oiga sino unas pisadas, me voy a descalzar y al pasar tú callas y yo diré sólo mi nombre

—¿Descalzarte? ¡No! No, no. Estarán los baldosines helados—. Y como yo le interrogase con los ojos, añadió quedito:

—Lo mejor será que me cojas en brazos...

Llamamos, se abrió la puerta, entramos, cerré, la cogí en brazos, al pasar por la portería dije, tratando de que mi voz no denunciase mi triunfo: «¡Bergua!» Y subí con ella siempre en los brazos...

«Horas alegres que pasáis volando»..., que cantó el vate español. ¡Ay, noche venturosa! Cuando al fin salió de ellos al siguiente día, el Sol había ya alcanzado el centro de su gloriosa carrera por el horizonte.

* * *

Si antes el tiempo transcurría feliz, ahora corría, volaba, escapaba transformado en el más real y venturoso de los ensueños. Cada día era, sí, más dichoso y mejor que el anterior. ¿Luna de miel? Con otras mujeres tal vez. Con Bharati era ¡un sol, un sistema planetario entero, una galaxia y no de miel sino de ambrosía!

Finalizaba el mes de junio y sólo esperábamos a que julio con su brasero nos diese pretexto, por decirlo así, para alejarnos de París. Habíamos decidido irnos hacia el Sur. Hablamos del mar y de la montaña y Bharati prefirió el mar. Entonces se trató de escoger entre el Atlántico y el Mediterráneo. Yo la dije que en el Atlántico encontraríamos, cierto, playas elegantes y llenas de atractivos y de distracciones donde la vida nos sería grata y fácil, pero donde tal vez no pudiéramos bañarnos sino un día cada tres si, como con frecuencia ocurre a no ser en veranos excepcionales, viento y nubes entraban en rivalidad con el Sol. Entonces Bharati opinó acertadamente, como siempre, que la vida grata y fácil vendría con nosotros adondequiera que fuésemos, y que puesto que el Mediterráneo era más constantemente acogedor y amigo del Astro que su hermano mayor, mejor sería que nos fuésemos a la Costa Azul y escogiésemos allí, para fijarnos, el sitio que más nos plugiese. Lo que hicimos: después de recorrer todo desde San Rafael hasta Mentón, acabamos por fijarnos, a causa sobre todo de un hotelito preciosamente situado al borde mismo del mar, en Jean-les-Pins.

Los últimos días, pues, fueron de preparativos. Aquella tarde fuimos al Bon Marché. Los grandes almacenes nos gustaban mucho y el Bon Marché más que los demás. Por supuesto, era raro que pasásemos junto a cualquiera de ellos sin entrar. Sin contar que en esta ocasión íbamos a propósito para adquirir algunas cosillas que nos pareció—habíamos hecho una lista—que podríamos necesitar durante el veraneo. Sólo el hacer la lista nos había entretenido deliciosamente un par de horas el día anterior. Cuando se es feliz cualquier cosa es placentera. Diríase que el espíritu se achica, se aniña, se dispone a verlo todo de color de rosa y a inclinarse a la generosidad y a la tolerancia. Hasta obedecer es grato cuando se obedece a quien se ama. El secreto y el éxito de los grandes maestros no ha sido siempre otro. Hasta en planos superiores los hombres pueden someterse a sacrificios que a los que no piensan como ellos parecen insensatos, pero que ellos, empujados por un amor que no hay que tratar de discutir ni siquiera de comprender, consideran no como sacrificio sino como providencial regalo. Yo, como todo el que verdaderamente ama (y ama verdaderamente aquel que cree en lo que constituye su amor, recaiga esta ilusión sobre algo real o puramente imaginario); como todo el que verdaderamente ama, decía, por el objeto de su amor, ¿qué no hubiera hecho por Bharati? Hay además un medio de medir el amor: la entrega más o menos total de la voluntad del que ama. Mientras no quiere sino lo que quiere aquel o aquella a quien ama y sólo le complace, y en grado máximo, lo que complace al ser objeto de su amor, ama verdaderamente. En cuanto el interés particular inicia, por tímidamente que sea, su cuarto creciente, estemos seguros de que ocurre porque el amor está ya en menguante.

Nos detuvimos en varias secciones y, por supuesto, en una de las que más nos atraía siempre: la de perfumería. En ella hicimos provisión de jabones, de una pomada que yo gustaba darme en el pelo (Aubigand: «Quelques fleurs») de pasta para los dientes y de unas bellotitas preciosas; las había en madera labrada o en pasta que imitaba al marfil, en las que al desatornillar la bellota propiamente dicha del pedúnculo, aparecía un frasquito mínimo con unas gotas de perfume concentrado que olía de una manera deliciosa. Se destapaba el frasquito y salía, formando cuerpo con el taponcillo de cristal, una barrita también de cristal que Bharati se pasaba por la parte posterior del lóbulo de la oreja, y a mí por el revés de la solapa. Acercarse luego a su cara era acercarse a la flor de las flores. Íbamos, ¡ay!, embalsamando las calles a nuestro paso...

Deambulábamos, pues, de una sección en otra comprando no tan sólo cosas que nos imaginábamos podríamos necesitar, sino otras superfluas, por el placer de comprar, cuando de pronto Bharati me dijo «Ven», y echó a andar un poco más de prisa hasta un tinglado lleno de corbatas abundantemente distribuidas en los tres pisos de una armadura hecha exprofeso, de metal dorado. Y aunque ciertamente no necesitaba más corbatas que jabones o bellotitas, tras mirar y remirar escogió una, y ella misma me quitó el lazo que llevaba y lo sustituyó por el nuevo que, como de costumbre, me hizo con sus propias manos. Me dejé hacer, pagué y luego, a indicación suya, salimos del almacén.

Una vez en la calle me dijo que parase un coche que venía hacia nosotros. Y como yo, extrañado, pues del Bon Marché a nuestra casa había muy poco (bastaba salir a la rué Rennes y, subiendo, en seguida estábamos en nuestra calle), añadió: «Cuando estemos dentro te diré por qué.» Y, en efecto, tras decirle al cochero: «Al llegar a Félix Potin (propietario de una Compañía de todo lo relativo a la alimentación, que tenía por lo menos un almacén enorme en cada barrio) pare», me dijo a mí: «En el Bon Marché estaba Dagmedma, la mujer del Cónsul, con una de sus sirvientas. Para tener seguridad sobre si nos habían visto, es decir, para poder observarlas yo sin que lo advirtiesen, te he llevado a donde las corbatas.»

—¿Y qué?

—Y que te prepares a recibir mañana la visita de mis dos gurús (a través de las corbatas las he visto cómo nos miraban y comentaban), el señor Walker y el señor Yondgen. Esta noche habrá gran sesión. Dagmedma, que tiene poco bueno y peor que lo demás la lengua, tratará de aturdirles a propósito de si me han dejado demasiada libertad, de si me ha visto muy entusiasmada con un joven (para dar pábulo a su murmuración te puse yo misma el lazo allí), de que ahora comprende el que mis visitas a la Legación sean cada vez más distantes, y, en fin, cuanto se le pase por la cabeza. Y a ella cuanto le pasa por la cabeza suele ser malo por dos razones: primera, por no llegar hasta ella del corazón; segunda, por carecer de verdadera inteligencia.

—¿Pero ellos qué van a decir? ¿Qué van a hacer?

—Decir, nada, porque me conocen y la conocen. A ella, pues, no le harán caso. En cuanto a mí saben perfectamente que mi voluntad es soberana y que su autoridad sobre mí, autoridad que como sabes venero y respeto, no va, no obstante, más allá de donde yo quiero que vaya. Mas para que puedan responder cuando ella les conmine a venir a ver qué hago y con quién estoy, que ya pensaban hacerlo porque yo misma les he invitado a ello, ahora, mientras tú te quedas en casa de Potin, yo, en este mismo coche, para llegar antes que ellas, iré a la Legación.

—Pero, bueno, yo ¿qué hago en casa de Félix Potin?

—Comprar media docena de botellas, las que te parezcan, de licores variados, sin olvidar una de Gran Marnier, que es lo que más le gusta al señor Yondgen.

—¿Es que quieres que los emborrache?

—Quiero, primero que puedas hablar con ellos. Y, sobre todo con Yondgen, no lo conseguirás, a Yondgen no le sacas una palabra del cuerpo si antes no abres convenientemente el arca profunda de su espíritu. Y la mejor llave, mañana, que no te conoce ni le conoces, es unas copitas de Gran Marnier. Quiero, además, que les hagas buena impresión, y nada les dispondrá más favorablemente no tan sólo el que les obsequies con algo que les agrada, sino, si consigues emborracharles, el que se consideren obligados a ti no tan sólo por lo bebido sino porque hayas sido testigo benévolo de una de sus debilidades.

—Es decir, que estos dos hombres que me has descrito tan sabios, porque, ¿qué me dijiste de ellos?

—Del señor Yondgen que es un lingüista de primera magnitud. Conoce muchas de las lenguas orientales y un gran número de dialectos; y en cuestión de religión, tanto budista como hinduista y lamaica, es una verdadera autoridad. Si le haces hablar ya le oirás. Sobre estas cuestiones o sobre lo que sea. Es además, no tan sólo sabio, sino como verdadero sabio, bueno. Bueno como el pan, como me has enseñado que se dice en tu país. En cuanto al señor Walker, intérprete jefe del Gobierno inglés en Calcuta hasta que le trajeron a Lhassa para que se ocupase de mí y me enseñase el inglés y el francés, ya verás qué amor a los libros, a todo cuanto sea saber y... a los buenos licores. Con él te harás en seguida. Solo ver las botellas se le encandilarán los ojos. Por supuesto, de ordinario, por no desmerecer del señor Yondgen que no bebe tampoco sino excepcionalmente, no lo hace él pero si consigues que los dos empiecen y se les caliente la boca, como dice el señor Walker, ya no habrá medio de detenerlos.

—Y yo que creí, lo digo sobre todo por el señor Yondgen, que los lamas ni tomaban alcohol ni comían carne.

—Tal vez no te he dicho que hay dos sectas, los «bonetes amarillos», que pasan por abstemios, y los «bonetes rojos», más tolerantes. Pero en realidad, ¿no es fácil cambiar de color cuando se tiene sed que no se desea aplacar con agua, que es lo único que la quita?

—Sobre que para cambiar de color nada como empinar el codo. Por amarillo que se sea, después, rojo seguro.

—En cuanto a no comer carne, llégate allá, en mi país, a un funeral, en que la familia está obligada a mantener, mientras dura, a parientes, amigos y directores espirituales, y el funeral dura tanto más cuanto más rica es la casa, y verás la cantidad de animales que hay que sacrificar para calmar el apetito de todos. Sobre que en el Tibet, como seguramente en todas partes, hay dos clases de lamas: los verdaderamente místicos (y el señor Yondgen no es místico; es sabio, que vale más), los anacoretas que se apartan y se retiran a regiones que sólo el vivir allí es ya algo prodigioso si se tiene en cuenta lo duro e inhumano de los parajes y del clima, y los que en las ciudades se dedican a practicar los ritos llamados «de transmisión del poder», es decir, los diversos «ankurs», a los discípulos hijos de las familias ricas que pueden pagar. Estos, aunque no carezcan de lo que allí se estima como conocimientos (un poco o un mucho de liturgia, conocimiento de las Escrituras y asimismo y también de magia), en realidad su lema, incauto haría falta ser para no darse cuenta, es lo que tan gráficamente me has enseñado que se dice en España: «Pasen días y vengan ollas».

—Bharati, eres... ¡divina!

—Lo que pueda tener de divina, en el modo de pensar, a mis queridos «gurús» se lo debo. A ellos, sí, que calculando como hombres inteligentes y desinteresados que su primer deber era enseñarme a ver y juzgar las cosas tal cual realmente son, no según parecen o según conviene a otros, cuidaron de no embotarme la inteligencia llenándomela de fábulas, de mentiras y de prejuicios, sino inculcándome conceptos humanos, tolerantes y generosos acerca del bien y del mal, de lo moral y lo inmoral, de lo alto y lo bajo, lo justo y lo injusto, sobre lo que tenemos que conceder a los demás y lo que nos debemos imponer a nosotros mismos. De modo que mañana, inclínate siquiera una vez a lo que de débil hay en la naturaleza material de mis gurús y págales como puedas una mínima parte de lo mucho que les debo, haciéndoles pasar un buen rato, aunque luego les cueste estar tres o cuatro días con la «gueule de bois».

Poco después, mientras ella trotaba hacia la rué Dupleix, yo encargaba que me mandasen aquella tarde misma con que alegrar no ya a mis futuros visitantes, sino a media docena de Budas y Bodisatvas: una botella de Mane Brizard, otra de benedictino, otra de crema de cacao, la de Gran Marnier y aun otras tres de Dolfi, la gran marca, una de licor de mandarina, una segunda de pipermín y la tercera de licor de frambuesa. Más dos botellas de champaña por si acaso. Ron teníamos en casa. En total siete de licor, siete, ¡el gran numero búdico!; con las dos de champaña y el ron, diez, ¡la década pitagórica! Inmortales, es decir, dioses, hubiera sido necesario que fuesen, para no caer.

No liaría media hora que Bharati y la señorita Lyon habían salido cuando llegaron los dos «gurús». Al abrir la puerta me encontré ante dos caballeros ya de edad, uno pequeñito, vestido con buena ropa pero de cualquier manera: el hombre solo que sin alguien que le añada la coquetería que le falta, cuando necesita un traje compra buen género sin preocuparse luego del sastre; mucho pelo blanco que le asaltaba las orejas y que el peine, por las mañanas, no conseguía contener el desorden sino unos minutos; gran bigote blanco también y al cuello un cordoncito negro del que pendían unos anteojos de armadura de acero que se ponía, como vi luego, para leer o contemplar algo de cerca. El otro (los clasifiqué en seguida; el pequeñito, el señor Walker; el grande, el señor Yondgen), alto, seco, un gorro en forma de flanero color amarillo oscuro cubriendo la parte superior de la voluminosa cabeza enteramente calva; barba y bigote que jamás debieron ser inquietados cuando su aparición y luego durante su crecimiento, blancos, sueltos, ralos y cayendo, la barba, en larga punta. Sobre la nariz unas gafas de montura de concha, enormes; tras ellas unos ojos cerrados, pero no tanto como para que no se viesen unas pupilas negras muy brillantes; el largo cuerpo, metido en una especie de caftán o levitón de seda, verde oscuro, abrochado enteramente por delante, y del que sobresalían por abajo, desde las rodillas o por más abajo todavía, unos pantalones también oscuros y también de seda, nada anchos, que le llegaban hasta las botas.

Como había quedado con Bharati en que no perdiese el tiempo y les recibiera como a visitantes esperados y conocidos, apenas la puerta abierta les rogué que entrasen, diciendo:

—No hay duda que son ustedes los señores Yondgen y Walker, Richard Walker, los gurús de quienes Bharati me ha hablado tantas veces y con tanto cariño; de modo que les ruego que pasen y, si me consideran digno de ello, vean en mí también un discípulo y un amigo.

Pareció sorprenderles un poco pero no desagradarles mi manera abierta de recibirles; me tendieron la mano, que estreché sucesivamente con las dos mías, y entraron. El primero en hablar fue el señor Walker:

—Pero usted, joven amigo, estaba sin duda escribiendo, ¿no?

—A mis padres, sí señor. Pero precisamente acababa. Me faltaban un par de líneas y los abrazos.

—Pues háganos usted el favor de ponerlas mientras nosotros fisgamos estos libros.

—Ustedes hacen aquí lo que quieran. Cuanto hay es suyo y yo dispuesto a servirles—añadí al tiempo que desembarazaba al señor Walker de su bastón y su sombrero—. Miren, pues, y hagan lo que gusten y, puesto que me lo permiten, acabo, firmo y cierro la carta—. Lo que hice rápidamente mientras ellos se acercaban a la librería (cuatro estantes como de a metro y dos tablas laterales, el todo sujeto a la pared); de la cual el señor Yondgen sacó un volumen que, siempre sin despegar la boca, ofreció al señor Walker, que, calándose los anteojos, exclamó al punto muy alborozado:

—¡Diantre! ¡Diantre! ¡Diantre! Tiene usted aquí la traducción de Pierret, ¡rara avis!, del Libro de los Muertos egipcio.

—Sí, señor.

—¿Pero de dónde ha sacado usted esta joya?

—Pues verá usted, lo tengo desde ios primeros días de mi llegada a París en el mes de octubre pasado. Lo encontré en uno de los cajones de la orilla del Sena. Había oído, mejor dicho, leído muchas veces menciones relativas a él, pero jamás lo había visto. Ni mi padre, que tiene una buena librería en Madrid.

—¡Como que es rarísimo, amiguito! ¡Rarísimo! ¿Eh, Yondgen? En francés no hay más que esta edición, agotada y archiagotada hace ya mucho tiempo, y en inglés, tres, una de ellas, la de Le Page Renouf, inacabada por cierto. Y tampoco hay medio de dar con ellas. Y ni traducciones alemanas, ni italianas. ¿Cuánto pagó usted por este ejemplar? Y perdóneme la curiosidad.

—Pues el que lo tenía me pidió diez francos y se lo saqué ¡en tres!

—¿Tres? ¿Tres francos dice usted?

—Sí, señor.

—¿Quiere usted treinta? ¿Quiere usted trescientos? ¿Quiere usted...?—siguió, sacando una cartera de piel de Rusia color granate, que embalsamaba.

—¿Es que tiene usted, señor Walker, verdadero interés por él?

—He dicho trescientos francos, pero ¡pida!

—Pues trato hecho. Ya es suyo—precipitadamente abrió la cartera, dispuesto a darme los trescientos francos, pero yo le detuve—. Es suyo, pero sólo por el favor de aceptarlo.

—Pero...

—Pero que ya es suyo, señor Walker. Permítame que me sume a lo mucho que le debe Bharati, que les debe a ustedes mejor dicho, a los dos, y hágame el favor de quedarse con él.

El señor Walker, sin poder contenerse, se lanzó a mí y me abrazó y me besó con todo cariño. Luego dijo, sin disimular su gozo.

—¿Pero oye usted esto, Yondgen? ¿Oye usted esto?

El señor Yondgen se acercó a mí, puso sus manos en mis hombros, me miró unos instantes sin despegar los labios y, al fin, dijo, como hablaba siempre, con tono reposado y voz grave:

—De haber podido elegir, creo que no hubiéramos desaprobado, ¿eh Walker?, su elección.

No comprendí lo que quería decir, pero tampoco procuré averiguarlo porque el señor Walker volvió a hablar, mientras llevando el libro amorosamente contra su pecho lo apretaba contra él con ambas manos.

—Bueno, bueno pues... mil y mil gracias. Lo acepto, sí, pero, ¿qué podría hacer yo por usted?

—Hacer no tiene usted que hacer nada, pero para que no se preocupe le daré la solución. Como a mí me gustan también mucho los libros, regáleme usted otro y en paz.

—¡Aceptado! Sí, señor, aceptado. Pero—consultó al señor Yondgen con la mirada—, ¿qué libro regalarle que valga lo que éste?

—Un Bardo—replicó el señor Yondgen.

—¡Pues sí, señor! Idea excelente como suya, Yondgen. Le daré a usted por este Libro de los Muertos otro libro de los muertos. El Libro de los Muertos tibetano. El Bardo Thodol.

—¡Ah! No sabía que hubiese también un Libro de los Muertos tibetano. Bharati nunca me ha hablado de él.

—¿Y cómo hubieran ustedes podido hablar de algo relacionado con la muerte siendo ambos, a su edad, todo vida? En boca de Bharati, aun refiriéndose a un libro, la palabra «muerte» hubiera sido inoportuna, casi indiscreta. Y ya habrá usted aprendido, puesto que hace tiempo que trata con ella, que es la oportunidad y la discreción misma.

—Sí, sí, cierto—dije—. Bharati es... ¡única!—y cada vez más entusiasmado seguí—: ¡Me casaré con ella, señor Walker!—El señor Walker, al oírme, bajó la cabeza y cerró los ojos; entonces me dirigí al señor Yondgen—: Estoy decidido, señor

Yondgen, ¿podría escoger mejor?, me casaré, ¡sí!, con ella.

El señor Yondgen dijo, era un hombre sin duda naturalmente grave y misterioso:

—El futuro no existe. Lo pasado son simples recuerdos gratos o ingratos, a veces experiencias provechosas. Solo hay algo real que convendría no desaprovechar: el presente.

—Yo, que iba a mi idea, insistí:

—¿No les ha hablado a ustedes Bharati de mí?

—Sabíamos simplemente esto—dijo el señor Walker—: que tenía un compañero de facultad con el que estaba cambiando lecciones de tibetano contra lecciones de español. Por eso la idea de Yondgen es doblemente acertada: sobre ser el Bardo un libro muy curioso el día que pueda usted leerlo sin dificultad será prueba de que sabe, sí, el tibetano.

—Pues sí, señor; lo traduciré al castellano y será para mí un ejercicio excelente.

—Si tiene usted tal propósito—dijo el señor Yondgen—, habrá que darle, Walker, una nota de libros que convendrá que lea previamente.

—Claro, claro. Dice el amigo Yondgen esto y tiene razón, porque si quiere usted que los lectores de su traducción saquen de ella algún provecho, tendrá usted que acompañarla de notas abundantes; y usted mismo, para no encontrarse perdido, pues hay muchos trozos abstrusos y otros puramente figurados, deberá documentarse debidamente antes de empezar a traducir. Pero ya le traeremos, sí, al tiempo que el texto, una lista de obras a leer y consultar.

—Pues aceptado todo y muy agradecido. Y ahora, permítanme que les haga una taza de té, o café, lo que quieran, y que les ofrezca también una copita de licor.

Y diciendo y haciendo, empecé por poner sobre la mesa unas copitas y todas las botellas de licor que había comprado y que incluso había descorchado. Y cogiendo primero la de Gran Marnier como por casualidad, llené bien llenas dos copitas y se las ofrecí antes de echar unas gotas en la mía.

—Yondgen, ¡Gran Marnier!—dijo el señor Walker.

—Perdonen ustedes que haya cogido el Gran Marnier lo primero, pero es que siempre hacemos igual: nos imaginamos que lo que a nosotros nos gusta les gusta también a los demás. Porque es que a mí el Gran Marnier me encanta. Por supuesto, en tipo dulce, el Marie Brizard lo encuentro también excelente. Pues, ¿y esa frambuesa de Dolfi? Dolfi, en licores de fruta, no tiene rival. Y ahora les suplico que se sirvan de lo que quieran y cuanto quieran, mientras les preparo lo que prefieran, té o café.

—Café, ¿eh, Yondgen?—El señor Yondgen aprobó con la cabeza.

Luego lavantamos las copitas: yo, tapando muy bien la mía con los dedos para que no vieran que apenas me había servido.

—¿Me permiten ustedes que sea yo el primero que brinde? Obtenida su autorización seguí:

—Pues, por ¡Bharati!... y por ustedes.

—Por Bharati, sí, y por usted—dijo el señor Walker—, y porque lo que más deseen se realice.

—Si no es absolutamente imposible, y así lo ha dispuesto el Destino— añadió el señor Yondgen.

—¿Y por qué había de ser absolutamente imposible?—dije yo sin dar mucha importancia a estas palabras. Luego bebimos cuanto tenían las copitas—. Lo dicho, señores; esas botellas, y todo cuanto hay aquí, es de ustedes, y vengo al punto con el café.

Y salí pensando: buen empiece. Cuando volví unos minutos después vi que no habían perdido el tiempo; habían probado de todo. El señor Yondgen seguía al parecer impasible. Se había sentado en una butaca y parecía soñar paladeando lo que en aquel momento tenía en el vaso, que, a juzgar por el color era pipermint. El señor Walker, más locuaz, dialogaba al parecer con el Libro de los Muertos, que no soltaba de la mano. Serví el café.

—¿Mucha azúcar? ¿Poca?

—¿Azúcar?—dijo el señor Walker cual si hubiese escuchado una maldición—. ¡Nada de azúcar, amiguito! ¡Puro, puro! Solo, los dos.

—Pues puro—les pasé las tazas—. Creo que lo he puesto bastante cargado, pero si lo encuentran flojo, hago otro al punto —seguí empuñando la de Gran Marnier. El señor Walker lo probó, lo saboreó y dijo:

—¡Excelente! ¿Eh, Yondgen? ¡Excelentísimo!

Mientras volvía a llenar las copitas de ellos, añadí:

—Y el Bardo ese de que me habla usted, señor Walker, ¿es también un libro muy antiguo?

—Imposible, amiguito, hacer otra cosa que conjeturar, si es que se quiere hacerlo, no tan sólo sobre la fecha en que pudo aparecer la primera versión, sino sobre su verdadero origen; pues lo mismo puede ser una adaptación tibetana de un original hindú, que una adaptación búdica de una antigua tradición tibetana; o tal vez el resultado de una mezcla de viejas tradiciones tibetanas. Todas estas hipótesis se han sostenido y es difícil decidirse con acierto por una de ellas.

—La última parece la más probable—dijo el señor Yondgen—. En todo caso es un libro anterior al siglo séptimo.

—¿Y su propósito es el mismo que el del Libro de los Muertos egipcio?

El primero que apuró lo que acababa de servirles, es decir, el señor Walker, fue el que me respondió:

—Sobre esto, en cambio, ninguna duda. Tiene un doble propósito y ambos son evidentes. El Bardo es, en primer lugar, una Instrucción para bien morir. Entendiendo por bien morir preparar al moribundo, adiestrarle para que pueda enfrentarse debidamente con lo que le espera una vez que fallezca; luego, guiar, dirigir al espíritu, al alma que decimos en Occidente, una vez separado del cuerpo, a través de las visiones que, a falta de una debida preparación, acabarían por extraviarle alejándole del fin supremo del Budismo,' que, como usted sabe, es el Nirvana; lo que le sometería a una nueva reencarnación. Y como este destino futuro se decide precisamente en este estado intermedio entre la muerte y lo que ocurre después, como significa precisamente la palabra Bardo...

—Tal vez de bar, entre, y do, dos, ¿no?

—Exactamente: entre dos estados. Y como en esta decisión interviene más aún que la conducta durante la vida del que acaba de fallecer, su entendimiento, es decir, su habilidad mental en lo que afecta a comprender y retener las enseñanzas que le da este libro, el Thodol.

—Creo comprender, sí: Liberación por el entendimiento o mediante el entendimiento.

—Es usted un excelente trapa, joven amigo.

—Diga usted más bien excelente gurú, pues es ella, mi gurú en esto, Bharati, a quien de haber mérito, le corresponde.

—En todo caso, esto que acabo de decirle le dará a usted idea, ¿eh, Yondgen?, de la enorme importancia de este libro para los tibetanos. Varíe usted, hágame el favor. Ahora un poco de ese licor de frambuesa, que nos ha parecido antes ¡incomparable! A nuestro amigo Yondgen también—les llené las copitas de licor de frambuesas—. Es más, con lo dicho no tan sólo queda evidenciado el propósito de este libro, sino su psicología, por decirlo así.

—Y hasta su moral—sentenció el señor Yondgen.

—Muy bien, sí, señor; y hasta su moral. Y haciendo un inciso, querido Yondgen, usted, que lo sabe todo, dígame, ¿cómo es que si no se ha llegado a la saciedad, al repetir de una cosa que gusta sabe mejor que la primera vez? Lo digo— añadió dirigiéndose a mí—porque mientras usted, joven, estaba preparando el café, que, por cierto, ¡qué café!—y como yo empuñase la cafetera para servirle más, siguió—: Sí con mucho gusto. Pues mientras usted preparaba esta delicia probamos la frambuesa. Pues bien, como esta vez la he encontrado aún mejor, de aquí el solicitar de este nombre eminente que es el señor Yondgen, que nos explique la razón del venturosísimo hecho.

—Las cosas al parecer sencillas suscitan a veces problemas difíciles, y ésta me parece que entraña una respuesta filosófico-fisiológica que no estoy todavía en condiciones de dar.

—Entonces le voy a servir a usted por tercera vez a ver si por lo menos se verifica aún la interesante apreciación del señor Walker.

—Torpe sería oponerme a su generoso propósito, joven amigo, pero mientras acude la adecuada respuesta a mi espíritu e incluso para estimularle, siga usted interrogando como lo estaba haciendo sobre el Bardo.

—Pues vamos a ver, en definitiva, según este libro, ¿qué va a encontrar el muerto al otro lado? ¿Uno o varios paraísos? ¿Uno o varios infiernos? ¿Dioses celestes o infernales que, como en las demás religiones, le procurarán goces inacabables o también inacabables tormentos?

Con noble gesto el señor Yondgen declinó en el señor Walker la respuesta:

—Verá usted: males y sufrimientos, si, ajeno a las enseñanzas del Bardo, se deja embargar por las propias visiones de su espíritu; la liberación, de seguir las enseñanzas de este libro.

—¿Embargar por las visiones de su espíritu dice usted, señor Walker? ¿Quiere usted tener la bondad de aclararme esto?

Tendiéndome la copita vacía, replicó:

—De lo que usted quiera. No se tome el trabajo de elegir. Vaya cogiendo las botellas sucesivamente, pues el contenido de todas es delicioso. Gracias. Le voy a aclarar a usted la duda. Una y otra vez, como usted hace llenándonos estas copitas, constantemente, se insiste en el Bardo en que no hay dioses ni demonios, como es lógico que diga puesto que se trata de un libro escatológico budista; cielos ni infiernos, goces ni tormentos, a no ser en la imaginación, en el espíritu del hombre.

—Es decir, que fuera de él no existe ¡nada!—dijo el señor Yondgen saliendo un momento de la especie de éxtasis en que parecía haber entrado.

—Exacto de toda exactitud. Que las visiones que se le aparecen al difunto en el estado intermedio no son otra cosa que esto: visiones, alucinaciones obra de las formas-pensamientos nacidas...

—¡En lo mental!

—Eso iba a decir, del que las percibe.

—Formas personificadas de los impulsos intelectuales del vivo en su estado de ensueño tras la muerte.

—Imposible decirlo de una manera más precisa y acertada.

—O sea, que todo lo que verá—intervine yo volviendo a coger la botella de Marnier, lo que hizo que ellos, como dos autómatas, alargasen las copitas vacías—será simple ilusión, obra pura de su espíritu, ¿no?

—Exactamente. Las deidades apacibles o benéficas, simples formas personificadas de los sentimientos humanos más sublimes procedentes del centro psíquico del corazón. Las deidades irritadas—son palabras del libro, como el amigo Yondgen, si se digna, podrá confirmarle a usted—. El amigo Yondgen se dignó, aprobando con la cabeza—la personificación de los razonamientos procedentes, esta vez, del centro psíquico del cerebro. Pues así como un impulso nacido en el corazón puede transformarse en razonamiento en el cerebro, así las deidades irritadas no son sino las deidades apacibles bajo otro aspecto.

—Ya.

—Pero oigamos el texto mismo: «¡Oh noble hijo!, cuando tales pensamientos se manifiesten, no te aterres ni te espantes. Siendo el cuerpo que posees ahora (el cuerpo de después de la muerte, pues se habla a un muerto) un simple cuerpo mental de tendencia kármica, aunque fuese golpeado o cortado en pedazos, no podría morir. Y ello porque tu cuerpo es en realidad de la naturaleza del vacío...»

—¡Ah, este vacío búdico—exclamó el señor Yondgen—. Pero siga usted, siga usted, Walker.

—«Luego no debes tener miedo. Los cuerpos del Señor de la Muerte son también emanaciones, radiaciones de tu inteligencia. No están constituidos de materia. Y lo vacío no puede herir a lo vacío—al decir esto llevó su copita hacia la del señor Yondgen y las hizo a las dos sonar dulcemente. Yo, comprendiendo, las volví a llenar—. Fuera de las emanaciones de tus propias facultades intelectuales, habla siempre el Bardo, yo soy como si dijéramos un loro en este momento...

El señor Yondgen, imitando con rara habilidad la voz de uno de estos animales, dijo: .—Coco: Ported, ¡armes! Presented, ¡armes!... Sigue, Walker querido.

—Fuera de las emanaciones de tus propias facultades intelectuales...

—Eso ya lo habías dicho.

—¡Ah! ¿Sí? Retiro entonces un: fuera de las emanaciones de tus propias facultades intelectuales, «exteriormente, los Apacibles y los irritados, los Bebedores de sangre, los con cabezas diversas (entienda, joven amigo, los dioses y los demonios), los fulgores del arco iris, las formas aterrorizantes del Señor de la Muerte, no existen en realidad. Sobre esto no tengas duda alguna...»

—Walker...

—Yondgen...

—Advierte a nuestro .excelente amigo que sigue hablando el Libro, no crea que le tuteas.

—Ya me doy cuenta, ya; no se preocupe usted.

—«Luego sabiéndolo, todo miedo y todo terror deben quedar disipados por sí mismos y, fundiéndose al desaparecer en un instante, obtendrás el estado de Buda.» En otras palabras: que el que está seguro, ora por haberlo meditado en vida, bien por creer lo que dice el Bardo, que todo cuanto se afirma acerca de la otra vida es pura quimera, visiones sin fundamento, pasa, sin transición, de la vida que deja a la paz total, al reino del eterno silencio, al Nirvana, destino final...

—A creer al Budismo...

—A creer al Budismo, de la vida humana, donde, extinguido el karma...

—Walker...

—Yondgen...

—Si este admirable joven que parece haberse olvidado de que hablando se queda la boca seca...

—Perdonen ustedes, no me volverá a ocurrir.

—No sabe que el karma es, como si dijéramos, que cada uno recoge lo que siembra, o sea que todas nuestras acciones tienen una fuerza dinámica que se expresa en las existencias sucesivas en el curso de las edades, no te metas a explicárselo, pues me parece que ya no estamos para muchas filosofías. Mejor es que sigas diciendo lo que buenamente se te ocurra hasta que ya no te haga caso.

—Pero sí le diré que Nirvana, en sánscrito, significa extinguido.

—Bueno, esto sí, díselo.

—Por dicho y sigo: donde extinguido el karma y con él las ignorancias, los esfuerzos y los dolores de la existencia...

—O de las sucesivas existencias...

—Exacto. Se llega, al quedar totalmente extinguida la personalidad...

—¡Ay! Esos voracísimos gusanos...

—Al estado de Buda, dios universal, al quedar fundido en el Todo.

—Es decir, que el Budismo viene a ser una especie de panteísmo.

—Joven, no se meta usted en complicaciones que no estamos ya para muchos distingos.

—Déjale, hombre; déjale, Yondgen, no seas así. Verá usted; sí, es una especie de panteísmo que conduce a un nihilismo, a un aniquilamiento total. Porque ya ha oído usted y luego lo verá en el texto, cuando se lo traiga, qué modo de hablar del Vacío. Con qué verdadera delectación, por decirlo así...

—Aquí, no seas pelmazo, no hay más verdadera delectación que la que causa el contenido de las botellas.

—Por supuesto, esto mismo demuestra que el lama, o los lamas autores del Bardo Thodol, pertenecían a la escuela Maha-yana.

—¡Buda nos valga!—exclamó el señor Yondgen elevando sus manos al cielo.

—Sí, señor, a la escuela Mahayana, que al revés de su rival, la Hinayana, que defendía que todas las cosas estaban en continuo y perpetuo cambio...

—¿Como Herakleitos en Grecia?

—¿Lo ves, Richard querido? Ya le has contagiado. ¿Adonde vamos a ir a parar?

— Lo mismo, afirmaba que lo que estaban eran vacías; es decir, que eran irreales, y que sólo una cosa tenía realidad, y ésta, que era la plenitud misma de ella, es el Nirvana.

—¡Bravo, Richard! Bebe a ver si llegas al Nirvana temporal que produce el alcohol y te callas. No le abandone, joven amigo.

—No, señor. Ni a usted.

—Buda, o el profeta que usted quiera, le bendiga. A mí ahora de ese licor tan verdecito, pipermint.

—¿Y a usted, señor Walker?

—A mí benedictino, si me hace el favor. Pues sobre que de sabios es mudar de opinión, y un licor es una opinión plasmada en algo muy grato, del que lo fabrica, honremos a los benedictinos, estos excelentes lamas cristianos. Pero escuche usted aún al Bardo: «¡Oh noble hijo! Sea cual haya podido ser tu deidad tutelar, medita tranquilamente sobre ella y verás que no tiene más realidad que el reflejo de la Luna en el agua, reflejo cuya apariencia no tiene más existencia real que una ilusión producida mágicamente.»

—Luego entonces—dije yo—, para los lamas tibetanos, señor Yondgen, los dioses son una pura ilusión del espíritu. Obra tan sólo de la fantasía de los hombres, ¿no?

—¿Y a mí qué quiere usted que me importe lo que piensen allá los lamas tibetanos? Me basta con que los de aquí prueben mediante licores como éste que hay cosas que, bien que ilusiones, están muy lejos de ser ilusión y sí, por el contrario, exquisitas realidades.

—Pues, ¿y esos benditos monjes que fabrican el «chartreux», o «chartreuse», ora verde como la maravillosa primavera, ora amarillo, ¡verdadero Sol líquido!? ¿No tiene usted chartreux?

—No, pero para la próxima vez que vengan no faltará. Aparte de lo que ven no tengo más que ron.

—¿Y qué hace usted que no nos lo ofrece? Es de otra latitud, pero también sumamente apreciable y gustoso—. Fui a buscarlo mientras él seguía:

—Pero decíamos que para aquellos excelentes pero perturbados lamas todo es ilusión. ¡Figúrese usted! Pero hasta qué punto, que hay un texto tibetano que se llama: Dden-ned-sgya-maltabú. No dudo que habrá comprendido usted.

—Si no me equivoco mucho: «No verdadero y semejante a la ilusión.»

—Muy bien. O si se quiere...

El señor Yondgen alargó su copita diciendo gravemente:

—Sí se quiere.

—«Lo Falso y lo Ilusorio». Texto que trata ampliamente de la no realidad de los fenómenos. Pero escuche aún el Bardo y hágame el favor de llenarme la copa de ron hasta el borde mismo sin derramar ni una gota—. Lo hice, la apuró de un trago y luego levantando el cristal vacío, siguió con tono enfático:

—«¡Sí! La Pareja, el Padre y la Madre, la lluvia negra, las ráfagas, los sonidos escandalosos, las apariciones aterradoras y todos los fenómenos son, por naturaleza, simples ilusiones». Son como ensueños y apariciones. Impermanentes. Sin fijeza alguna. ¿Qué ventaja habría, pues, en interesarse por ellas? ¿Qué en sentir a causa de ellas temor o espanto? Ello equivaldría a ver lo que no existe como existente. Todo no pasa de alucinaciones de mi propio espíritu. Yo, por no haber comprendido esto tal cual es hasta hoy, he considerado lo no-existente como existente, lo irreal como real, lo ilusorio como positivo, a causa de lo cual he errado por el Samsara largo tiempo. Y ahora mismo, de no reconocerlas como tales ilusiones, voy a errar aún inacabables edades de nuevo por el Samsara. Y cierto puedes estar de caer en abismos de miserias. En verdad que todo ello es como ensueños, alucinaciones, ecos; como las ciudades de los «Comedores de olores»; como un espejismo puro; como las formas que se reflejan, sí, en un espejo...

—¿Pero callarás, Richard?

—«Como una fantasía: como la Luna vista en un lago, todo lo cual no es real ni un momento».

—Pues que habla de lago, vea usted, joven, de ahogarle con lo que quede en las botellas o estamos perdidos.

Sin hacer caso el señor Walker siguió, como inspirado:

—¡Oh noble hijo, cómo está este ron! No, no, perdone usted. ¡«Oh noble hijo! El Dhyani y las demás deidades han nacido del poder de Samadhi...»

—Samadhi creo comprender que es la meditación, pero ¿a qué divinidad corresponde Samadhi?

—Imprudente sería ya, hijo mío, pedirme precisiones sobre cualquier cosa, y menos sobre fantasías, ya lo oyes, tan múltiples y cambiantes como las divinidades. Antes de esto prefiero tratarte de tú con el fin de rogarte con más eficacia que cuando veas nuestras copas vacías las llenes de lo que quieras, todo nos gusta, sin que tengamos que suplicártelo. Es más, por si luego no tuviéramos ya tiempo de decírtelo, antes de caer en el Nirvana al que conduce el uso prolongado de los zumos de uva, escucha: si caemos, que presumo que sí, no nos lleves a la Legación, aunque sea en coche. No, más bien déjanos dormir en cualquier parte hasta que naturalmente volvamos a la monotonía raras veces grata de lo que se llama estado normal.

—A cambio de este gran favor, Richard, iníciale debidamente en el Budismo, la mejor de las reglas de vida, pero no tal cual ha sido prostituida por los que se han llamado sus seguidores, ¡que ésta ha sido la triste suerte de todos los grandes Profetas!, sino en su forma original perfecta y sencilla que enseñaba que la vida era dolor; que si el dolor era la regla universal era a causa del deseo; que como el deseo jamás puede ser satisfecho, pues apenas uno calmado otro nuevo surge (ya ves, hijo mío, la inaplacable sed de que somos víctimas ahora), la paz y consecuentemente la felicidad no puede conseguirse sino renunciando a todo. Es decir, dejando de desear, único medio de que el dolor cese.

—¿Pero cómo conseguirlo, señor Yondgen? Si me lo enseñan ustedes bien pagado quedaré en verdad. Es más, si lo consiguen les brindaré aun algo en lo que ni sospechan.

—¿De beber?

— De beber.

—¿Y qué esperas para brindárnoslo, hijo querido?

—A que acaben ustedes de iluminarme.

—Pues escucha; iluminación por iluminación. Para conseguir que cesase el dolor, Buda imaginó la regla de vida práctica que consiste en lo siguiente: Ideas rectas, intenciones rectas, palabras rectas, acciones rectas, vida recta, esfuerzos rectos, atención recta y recta meditación. Es decir, tender en cada uno de los momentos de la vida hacia el bien, la justica y el desinterés.

El señor Walker, que de pronto había empezado a hacer pucheros, gimió:

—Yondgen, hermano querido, puesto que le estás poniendo en el camino de la virtud, cítale ya los diez obstáculos para que pueda apartarse de ellos y alcanzar la liberación.

—Muy justo. 1° La creencia en el «yo». 2° La duda. 3° La fe en la eficacia de ritos y ceremonias. 4° Los deseos sexuales. 5° La cólera. 6° El deseo de existir en un mundo menos grosero que el nuestro (el de la «forma pura»). 7° El deseo de existir en un mundo aún mucho más sutil (el mundo «sin forma»). 8° El orgullo. 9° La agitación. 10° La ignorancia. El 6° y el 7° de estos punntos creo que pueden interpretarse, bien que no esté ya para muchas precisiones, como el empeño en aferrarse tontamente a llegar a estados superiores de existencia, pero no obstante a continuar viviendo, en vez de aniquilarse en el Nirvana.

—Hijo mío—añadió entre lágrimas y suspiros el señor Walker, perdido ya todo dominio de sí—, si sigues la regla de vida que acabas de escuchar y te apartas de los diez obstáculos, no solamente llegarás a ser un hombre perfecto sino tal vez, luego de un misticismo bien dirigido, al estado de santidad.

—¿Pero también hay místicos allá en el Tibet?—dije.

—Los hay, hijo mío—añadió el señor Yondgen—, pero en mucho distintos de los de aquí. Un místico aquí, joven querido, en Occidente, es un creyente de tipo superior cuyo estado religioso esencial es la contemplación y cuya suprema aspiración es unirse misteriosamente, una vez que consigue alcanzar el estado de éxtasis, con la Divinidad. Mientras que un místico en Oriente es, lo primero y ante todo un ateo, como se le llamaría aquí, puesto que el Budismo es una doctrina religiosa sin Dios. Luego, si él renuncia al Mundo y rompe con cuanto a él le une, así como a sus llamados «bienes», lo que en general es para el místico de aquí un verdadero sacrificio, para el místico de allá todo esto constituye en vez de dolor y sacrificio una verdadera liberación, un gran paso hacia la felicidad a causa de haber comprendido el Vacío, pues el que comprende el Vacío queda libre de la ilusión del Mundo tal cual este Mundo se suele concebir, y por consiguiente liberado de los renacimientos que provienen de esta ilusión. Y ahora, a ti, joven querido, el brindarnos lo prometido.

—Pues lo voy a hacer con mucho gusto y sin salirme por cierto de lo búdico, ya que hace poco, si no recuerdo mal, el señor Walker ha nombrado a propósito de no sé qué, el arco iris. Pues bien, yo les voy a ofrecer a ustedes un arco iris material, pero delicioso.

Y diciendo y haciendo, saqué dos vasos grandes: dos vasos altos y no muy anchos que usábamos para los refrescos, y empezando por el licor de frambuesa, fui echando con cuidado por orden de densidades, para que no se mezclasen, de todo cuanto había allí: abajo la crema de cacao, luego la frambuesa del licor de este nombre, encima el amarillo claro del licor de mandarina, luego el verde del pipermint, al punto el tostado del ron, el blanco del Marie Brizard y el amarillo teñido del benedictino y, finalmente, el opaco del Gran Marnier. Y como copete y airón, un poco de champán, pues descorchando una botella colmé los vasos con la gracia y perfume de su espuma.

—¡Oh, qué maravilla!—gimió el señor Walker apoderándose de su vaso y levantándolo con sublime gesto de admiración.

—En verdad que esto no se nos había ocurrido nunca, Walker. Claro que si la vida vale la pena de ser vivida es porque nos permite aprender todos los días. Ven que te abracemos, hijo mío. Luego de hacerlo ambos cumplidamente y de barnizarme bien el señor Walker con sus lágrimas, el señor Yondgen siguió:

—Me parece que estábamos hablando de algo...

—Sobre el misticismo y el arte de bien morir—dije.

—Ya—bebió y luego siguió de este modo:

—El arte de prepararse a bien morir es algo sumamente importante, como lo demuestra lo mucho y bien que se ocupan de ello las grandes religiones. Para nosotros los tibetanos tiene, en todo caso, una importancia excepcional...

El señor Walker, tras haber bebido de un trago la mitad del explosivo que acababa de prepararles, dejó torpemente el vaso en la mesa y abriendo los brazos y llorando a lágrima viva interrumpió al señor Yondgen para decir:

—¿Qué encanto quieres, joven querido, que nos ofrezca a los místicos tibetanos la vida, ni qué sus pretendidos placeres y engañadores goces, cuando leemos en nuestras Escrituras...? Bueno, en cuál de ellas me sería imposible decirlo en este momento...

—Ni en los que seguirán—le cortó gravemente el señor Yondgen.

—Si leemos, sí, por ejemplo: «A los ojos de Tathagata todas las magnificencias de los reyes son semejantes a escupitinajos, ¡al polvo mismo!», animándonos en cambio a apartarnos de esta vida que sólo ofrece...

—Si vas a decir lágrimas y suspiros, no mentirás en este momento.

El señor Walker siguió citando:

—«¡Llenos de encanto están los bosques solitarios! Allí donde loe hombres vulgares no son felices, lo son los que han sabido liberarse.» Esto dice la Prajna paramita...

—¡No!—sentenció el señor Yondgen.

—Pues si no la Prajna paramita será el Dordje tcheupa, «El Diamante que corta».

—¡Tampoco! Calla y bebe lo que te queda en el vaso, pero sentándote previamente en la cama si no quieres dar con tu apreciable e insignificante cuerpo en el suelo—Luego, mientras el señor Walker le obedecía, siguió—: En general, nuestros errores en el modo de apreciar las cosas...

—Eso que yo...—gimió el señor Walker.

—Bebe, llora y calla. No lo digo por ti. Nuestro error en la manera de apreciar las cosas y la falsedad de nuestros juicios proviene de que somos incapaces de comprender los fenómenos tales cuales son verdaderamente, haciéndolo en cambio a través de ideas preconcebidas de antemano que, naturalmente, los deforman. Así toda creencia hace juzgar cosas y hombres a través de sus ideas y de su moral, añadiendo, al hacerlo, una especie de costra artificial a lo que ya por temperamento, por modo propio de ser, por idiosincrasia, cada hombre está inclinado a considerar respecto a hechos y fenómenos.

—El místico budista tibetano...

—Déjame a mí, Walker, si no quieres que te acostemos ya. Calla, que yo diré lo que tenga que decir, o te quito lo que te queda de arco iris.

—¡No! ¡Eso no, por el divino Dharma Kaya, vacío perfecto, estado primordial de lo increado y de toda la ciencia búdica supra-mundial! ¡Por los tres cuerpos, Shu-gsum, de los cuales él es el más elevado! ¡El Buda de todos los Budas y de los seres de iluminación perfecta!

—Ninguno tan iluminado como tú ahora. Bebe, Richard, que te va a llenar nuestro amigo el vaso de nuevo.

—¡Sí, sí! ¡Gracias, gracias! Pero dile al menos que los otros dos son el perfectamente dotado, Longs-speyod-rzogs-skú, y el Sorul-pahí-skú o divino cuerpo de encarnación. Es decir, los Sam-bogha-Kaya y Nirmana-Kaya, respectivamente. Mira, Yondgen, querido, que si no lo sabe, su ignorancia no tendrá fin.

—Échale, hijo mío, un poco más para que caiga en el ronquido y nos deje en paz. Y mientras yo lo hacía él siguió, ya también en punto de perfecta pesadez:

—El místico tibetano, cuando se decide a apartarse del Mundo y se retira a una ermita, a una choza o a una caverna perdida en las inmensidades de aquellas soledades de mi país, ha renunciado ya a todo deseo y su espíritu está tan yermo como las soledades donde se instala, siendo su única aspiración el llegar al estado de Buda, es decir, al Nirvana, al vacío absoluto, pues gracias a la práctica del yoga durante muchos años, muertos están en él, como digo, todos los deseos, tanto de cuerpo como de espíritu. Nada le atrae salvo su soledad y sus pensamientos. Nada le maravilla, no, nada le seduce a no ser sus propios éxtasis, que, loco como una cabra, tendrán el poder de inmovilizarle día tras día, meses tras meses, año tras año en la contemplación del juego de sus propios pensamientos, que incluso se irán borrando poco a poco a medida que los vaya reconociendo inexactos empujado por la chaladura total y por...

—¡Ay!—gimió el señor Walker—. ¡Una fe débil unida a una inteligencia muy desarrollada, como juraría, si el jurar no fuese cosa fea, que le ocurre a Yondgen, hijo mío, expone a caer en el error y a convertirse en un simple hacedor de discursos! (Un hipo solemne cortó aquí el suyo, pero rehecho, siguió:) ¡Una gran fe unid? ? una inteligencia débil, creo que me cito sin darme cuenta, expone a caer en el error y a convertirnos en sectarios encerrados en el estrecho sendero... (nuevo hipo) del dogmatismo! ¡Un gran ardor, como este que yo siento en mi estómago, sin una enseñanza correcta (¡hoc!, ¡hoc!...) expone a caer, como este vaso (en efecto, escapó de su mano y rodó por la alfombrilla), en el error y a adoptar puntos de vista enteramente falsos...

—Para que los suyos sean los que necesita hazme el favor de echarle bien arrimado a la pared, para que me quede a mí sitio cuando me toque el turno. Ya tiene bastante. Luego, mientras yo lo hacía sin que el manipulado protestase, él siguió:

—A medida que los vaya reconociendo inexactos, decía, y hasta el momento en que el razonamiento, por mejor decir togpa, el raciocinio, y aún mejor todavía togspa, la percepción directa, los reemplace. Entonces, muertas por decirlo así las olas de pensamientos que forjaban teorías y especulaciones, el océano del espíritu se vuelve tranquilo, unido. Se encalma. Queda sin una arruga. Sin que nada le agriete, rice o empañe su superficie. Y en este espejo perfectamente pulido pueden al fin las cosas reflejarse sin que su imagen sufra deformaciones, y éste es el punto de partida de una serie de estados que no proceden ni de la conciencia ordinaria ni de la inconsciencia, y menos, ni que decir tiene, del abuso de los licores. Es la puerta de entrada a un estado diferente a aquel en que habitualmente nos movemos, es decir, del estado propio del místico tibetano al que, no estoy enteramente seguro, pero me parece que habría que atar muchas veces, de no haber tenido la divina inspiración de escapar a soledades donde a nadie perjudica. Y en todo esto que te digo, hijo querido, puedes apreciar una vez más la diferencia entre el místico oriental y el occidental. En los de por aquí, la gracia es un don divino. Allá la salvación es una áspera conquista producto de un verdadero entrenamiento psíquico largo, costoso y difícil. Por tanto, el conseguirlo no es obra de una iluminación maravillosa, sino el resultado de una verdadera ciencia para imponerse la cual hacen falta previamente sabios guías espirituales que somos nosotros, los gurús, palabra sánscrita admitida por el tibetano. He aquí, hijo mío, uno de los veinticinco motivos que me hacen considerar el Budismo como la mejor religión.

—¿Cree usted de veras que así sea?

—Y tú lo creerás también cuando leyendo el Bardo Thodol te des cuenta de su tolerancia, puesto que basta creer en uno mismo en vez de en las patrañas en que otros creen, para salvarse. Y esto por grandes que sean los actos opuestos al interés de los demás que se hayan realizado en la vida. También apreciarás leyéndolo su filosofía sana y verdaderamente consoladora, puesto que enseña a no temer la muerte ni lo que se dice que hay tras ella, desde el momento que los dioses son producto de nuestra imaginación. Claro que podrás decirme que esto no es verdad, pero ¿lo es más el que estén fuera de nosotros? Por todo ello, si hablas con los misioneros que van allá, todos te dirán que entre los hombres que menos éxitos obtienen es entre los budistas. Los tibetanos, como los hindúes, es decir, budistas y brahmanistas o hinduistas, ¡jamás cambiarán sus dioses por los de aquí!

—¿Pero no me han dicho ustedes veinte veces que en el Budismo no hay dioses? ¿O es precisamente por ello por lo que no los pueden cambiar?

Levantó el vaso, lo miró embelesado un momento, bebió luego lentamente y tras castañetear la lengua con delectación y pasársela cumplidamente por los labios, siguió, siempre con su tono grave y reposado:

—Hijo mío, no seas estúpido; o si lo eres por naturaleza, trata de disimularlo. Claro que tienes veinte años y que dominado por las pasiones compañeras de la juventud no has tenido tiempo aún para reflexionar sobre lo que te inculcaron de pequeño cuando aún eras un niño. Pero cuando lo hagas, a menos que seas de los que almacenan lo que se les ha embutido, sin someterlo a examen, te darás cuenta de dos grandes verdades: una, la enunciada por el Veda: «Lo mortal ha hecho lo inmortal»; la segunda, que si tal ha ocurrido siempre y en la India hubo que inventar a Brahma, Siva, Vishnu, Indra y demás caterva de dioses absurdos; en Grecia a Zeus, Apolo, Atena, Hermes, Afrodita y comparsas, y más tarde, a Odín, a Thor, a Balder y demás, fue, en todas partes, respondiendo a la necesidad que sienten los hombres aquí y allá de dioses, diablos, semidioses y héroes, para apuntalar su fanatismo y su ignorancia, como los niños tienen necesidad de hadas, enanos, duendes y trasgos para apuntalar sus ilusiones y la adorable candidez inocente de su fantasía. Y ahora, hijo mío, si quieres que sigamos conversando durante el breve tiempo que estaré en condiciones de hacerlo, pues el exceso de bebida ha fatigado a un tiempo mi espíritu y mi cuerpo, permíteme que me quede a gusto adoptando la postura perfecta de reposo—Y diciendo y haciendo se despojó de la especie de caftán oscuro que le llegaba hasta casi media pantorrilla, al punto de los pantalones, y luego, apoyando ambas manos en el suelo y flexionando sobre ellas con increíble facilidad, sobre todo dado su estado, es decir, lo que había bebido, quedó en estación perfectamente vertical, los pies hacia arriba, la cabeza reposando también en el suelo, enteramente rígido, inmóvil y sin otro atavío que aquel con que su santa y virtuosa madre le había traído al Mundo.

Al punto, mientras yo le contemplaba asombrado, siguió con voz que parecía brotar de las enceradas tablas que cubrían el suelo:

—Un postrer favor, hijo mío: Cuando oigas que yo también empiezo a resoplar fuerte, es decir, a emitir esa variedad de sonidos llamada ronquido, cógeme al punto y extiéndeme junto a Richard, y me evitarás un batacazo fenomenal. Y ahora, en pago a este servicio he aquí un último consejo: Sea lo que sea aquello en lo que te decidas a creer, como si te decides a no creer cual les ocurre a los dos, al tumbado y al vertical que tienes ante ti, entrégate a lo que escojas sin preocupaciones y, sobre todo, ten fe profunda en lo que hayas elegido. Pero no olvides que en todo caso te será sumamente conveniente, con objeto de liberarte del mejor y más rápido modo posible, tener idea acertada de algo tan importante como es el concepto acerca del «yo», base, de ser mal interpretado, de incontables vanidades y no menos incontables errores.

—¿Se refiere usted al «conócete a ti mismo», de Sókrates?—aventuré.

De la invertida caverna salieron las razones siguientes:

—La palabra es algunas veces plata, el silencio siempre oro. Antes que decir inexactitudes o tonterías más vale callar. Ni el «conócete a ti mismo» era de Sókrates, puesto que dicen que estaba grabado en el frontis del templo de Delfos (y si eres sensato no creerás jamás nada de cuanto te digan que no puedas comprobar por ti mismo), ni el «yo» tiene en realidad que ver con el conocimiento del yo.

Con que calla y escucha que ya me queda poca cuerda.

«Aquí en Occidente, aun los que no creen en el alma, continúan imaginando que el hombre en sí mismo es una entidad homogénea que dura por lo menos desde el nacimiento hasta la muerte; mientras que nosotros lo místicos lamaistas (y conste, guárdame el secreto, que a mí me sale todo por una friolera) negamos la existencia del «yo», considerando tan sólo al hombre como un encadenamiento de transformaciones, como una agregación de elementos (no pongas esa cara de idiota, que me cortas el chorro de la elocuencia), tanto materiales como mentales, obrando y reobrando unos sobre otros y en intercambio continuo con los agregados vecinos. La fe, para nosotros, no tiene poder por sí misma independientemente de aquello en que recae. En el Bardo, libro en que como obra de hombres se mezclan lo digno de ser escuchado con lo profundamente estúpido, se aconseja continuamente: «¡Ten fe!», como medio el mejor para llegar a la liberación. En efecto, sin fe imposible conseguir nada en este Mundo. Hasta cuando una cosa te cae por chamba, por poco que te fijes te darás cuenta al punto de que siempre has tenido fe en tu suerte. Y si eras pesimista, de que dejas de serlo en aquel momento. Y si esto que digo te parecen vulgaridades, piensa en lo que tú dirías si estuvieses bebido y cabeza abajo como yo. En cuanto a los místicos, el éxtasis les lleva a la adoración. Y como no se puede adorar sin tener a quién, a pensar en dioses aunque no crean en ellos.»

—¿Y no es una pura demencia de los lamas caer en prácticas sabiendo que tales prácticas les harán creer en lo que no son capaces de creer?

—Pues no. Es simplemente tener profundo conocimiento de las influencias psíquicas y del poder de autosugestión. Para nosotros el rezo y la evocación de divinidades en las que no creemos es simplemente una gimnasia que no tiene otro objeto que producir ciertos estados de conciencia que los creyentes de otras religiones imaginan deber a la benevolencia de sus dioses, pero que en realidad es simple fruto de la práctica misma: el acto psíquico influyendo al espíritu. Esto tal vez te parezca a ti, hijo mío, que estás ahí mirándome con esos ojos de cretino total, una psicología rara. Como a cualquier mujer de las vuestras (y no niego que las hay que me harían al punto perder el equilibrio) que entrase ahora al verme tal cual estoy, su moral tal vez la indujese a volver la cabeza ahogando una montaña de curiosidad. Pero no olvides que esto también, la moral, es simple cuestión de latitud, y que varía con los pueblos, con los climas, con las costumbres y con el modo de apreciar las cosas, es decir, con las circunstancias y los tiempos. Tú mismo, hijo mío, excúsame si el espectáculo que ofrezco despierta en ti necios escrúpulos.

—No, por mí no se preocupe usted.

—Por supuesto que no me preocupo más que si fueses un saltamontes.

—Quería decir que en cuanto a tolerancia me siento tibetano, señor Yondgen.

—Te bendigo, hijo querido, con el pensamiento, pues de intentar hacerlo con la mano daría con mi sublime cuerpo en el suelo. Pero cierto, una de las muchas excelencias del Budismo, especialmente del tibetano, es su gran tolerancia. Sin ir más lejos, en el Bardo encontrarás múltiples pruebas de ella. Salvarse gracias a esta sabia doctrina es mucho más fácil que en otras religiones. Esto tan sólo ya es consolador. Por tonto que seas, hijo mío, reconocerás que una religión' en la que no hay dioses que juzguen ni demonios que castiguen es ya un gran alivio. En nosotros todo el problema está en evitar la reencarnación, pues volver al Mundo es volver al deseo y, por consiguiente, al dolor; y alcanzar el Nirvana. Y esto se consigue con sólo estar seguros de que luego de la muerte no hay nada, es decir, librándose de temores ridículos hijos de la imaginación. Y para conseguir esto el Bardo es inapreciable. Sus consejos se extienden a todo. Incluso, como verás cuando llegues a la segunda parte, a impedir que por descuido o falta de preparación se caiga de nuevo en una matriz y se reencarne. Que esto es idiota, desde luego; pero como tú no debes estar aún enteramente alejado de la idiotez, te aconsejo que te fijes muy particularmente en el párrafo que empieza: «Para guiarte en este momento hay varias profundas enseñanzas vitales.» Poco después podrás leer también: «Los que no han recibido las enseñanzas de un gurú caerán en los precipicios profundos del Samsara, y de este modo sufrirán durante largo tiempo intolerablemente.» Pero tú ni caso. Además, como yo te quiero, hijo mío, cual si dotado de matriz te hubiese albergado en ella, desde este momento dispuesto estoy a ser tu gurú, lo que te ruego no olvides y me recuerdes mañana cuando se me haya pasado la borrachera. Porque, ¿no te parece, joven querido, que estoy muy borracho?

—Muy borracho, muy borracho...

—No mientas, hijo mío. Jamás se debe mentir a no ser que al hacerlo nos procure algún provecho, y a ti te tiene ahora sin cuidado la magnitud de mi borrachera. En cuanto a mí, la mentira me repugna de tal modo, en boca de los demás, que cuando veo determinados párrafos del Bardo encareciendo su lectura dirigida por un gurú, es decir, arrimando al ascua de la tontería humana la sardina de los que se llaman directores de conciencia, me indigno, y no puedo menos de sumirme en consideraciones sobre qué tipos de hombres son menos dignos de estima, si los tontos, entiéndase por tales los que creen ignorando lo que creen, los locos, y entiendo por éstos a los que se creen, a fuerza de excentricidades, en estado de ponerse en contacto con la Divinidad, o los astutos, o sea aquellos que viven dorando y manteniendo la ignorancia de los demás. Y ahora te dejo meditar a ti sobre ello, porque siento que los ojos se me cierran. Si ves que ocurre del todo, hijo mío, acude en mi socorro como te he rogado antes.

Y, en efecto, cual si estas últimas palabras hubiesen sido un sortilegio, le vi cerrar los ojos, abrir la boca y empezar a resoplar, al tiempo que su cuerpo iniciaba una suave pero decidida inclinación hacia adelante. Entonces acudí, le cogí como pude en brazos y le coloqué en la cama junto al señor Walker. Luego salí de puntillas, aunque hubiera podido hacerlo redoblando un tambor sin que despertasen, y me fui al cuarto de Bharati huyendo de aquel concierto de ronquidos a dos voces. Yo nunca he sido un gran melómano.

Cuando a la mañana siguiente, allá hacia las once, abrí cautelosamente la puerta por ver si necesitaban algo, ya no estaban. Habían escapado discretamente, sin duda por no comparecer ante Bharati.

*   *   *

¡Ay!, gran verdad es que nada existe en realidad para cada uno fuera de sí mismo. Es decir, que las cosas son para nosotros tal cual las vemos y las sentimos en cada momento, y por consiguiente, nunca las mismas. De otro modo: que no hay realidad fuera de nosotros, puesto que cosas y fenómenos no tienen efectividad para cada uno sino en la medida que nos impresionan. Para todo hombre, el mundo que no conoce y que no conocerá nunca tiene menos realidad no ya que su habitación o su ciudad, sino que sus ilusiones. Toda la Historia y todos los Imperios con sus glorias y sus crímenes son menos para cualquiera que los hechos insignificantes que van jalonando su vida. Esto, lo que se relaciona directamente con él o indirectamente, es lo que para él tiene efectividad; lo demás le es tan extraño, tan ajeno como su propio porvenir, que asimismo desconoce a excepción de una sola cosa: que tiene que morir. El propio pasado no es muy pronto sino un vago e impreciso jirón de recuerdos. Un pequeño mar de nubes en el que destacan apenas como cimas pronto brumosas los momentos culminantes de la vida.

Yo he vuelto varias veces a la Costa Azul y a París y, ¡qué diferencia entre el París y la Costa Azul que conocí con Bharati! Luego si entonces lo vi como ciento y luego como diez, es que el otro noventa era yo quien lo ponía. Y lo mismo poco más o menos podemos decir de la vida toda. Compárense las alegrías y las penas sentidas en las diferentes edades de la vida; lo que en un momento nos embelesó para más tarde dejarnos indiferentes, y se comprobará lo que digo: que todo está en realidad en nosotros; que lo demás, lo exterior, o no existe verdaderamente para nosotros, si no nos afecta, o de afectarnos, siempre lo hace en relación con nuestra manera de ver, sentir y juzgar las cosas en cada momento.

Yo no soy de los que abominan de la edad. Es más, creo que la vejez sin achaques excesivos es, en cierto sentido, la mejor época de la vida. Y ello, porque habiéndose apagado casi por completo las facultades emotivas, se llega a una paz de cuerpo y a una serenidad de espíritu que antes desconocíamos. Pero, ¿es que si pudiera cambiar la nieve serena de ahora por el fuego de aquellos tiempos pasados con Bharati, no lo haría? Sí, sí, lo haría sin vacilar.

¡Bharati!...

¿Qué habrá sido de ti? ¿Vives aún y no me has olvidado como yo no te he olvidado, o estás ya en el Nirvana donde nos reuniremos, pero sin darnos cuenta, ¡ay!, un día?

Y si vives, ¿te acuerdas de que envueltos siempre en una nube rosa salimos de París en uno de los primeros días de julio? Cuál, tú seguramente lo sabes, pues las mujeres tenéis la memoria de las cosas pequeñas; si son gratas, doblemente. ¿Y de nuestra llegada a San Rafael, desde donde...?

¡Bah!... Además esto no le importa a nadie.

Los que no han alcanzado el «paraíso», como nosotros, las más brillantes descripciones no podrían darles ni una idea aproximada. Como tampoco del «infierno» en el que caímos poco después.

En todo caso tenías razón (tú tenías siempre razón, Bharati), cada vez lo comprendo mejor, cuando me decías en tu última carta: «...Inútil creo que sería tratar de oponernos a nuestro destino. Es más, si el dolor y la pasión no nos impidiesen pensar bien, ¿no nos parecería tal vez que lo que nos sucede, que ahora juzgamos lo peor, no es tan malo? Porque hemos sido infinitamente felices en unas circunstancias determinadas, pero, ¿quién nos garantiza que esta felicidad no se hubiese empañado al variar no tan sólo las circunstancias, sino nosotros mismos con los años? Mientras que ahora una cosa inestimable es segura: que tú serás para mí, mientras aliente, ¡lo mejor que alguien ha podido conseguir en el Mundo! Y lo mismo yo para ti: ¡lo mejor! Y esta idea firmísima, ¿no será mientras vivamos un tesoro incomparable que nada podrá arrebatarnos?...»

A últimos de septiembre volvimos a París cada vez más felices, pues nuestro milagro era éste: Que pensábamos: imposible ser más dichosos... ¡Y al día siguiente lo éramos todavía más!

A últimos de septiembre, sí, volvimos a París, bien ajenos a lo que nos esperaba. ¡Ea!, acabemos pronto, pues aun ahora, después de cincuenta años o algo más, cuando el puñal vuelve a la herida, escuece.

Una mañana había yo salido a no recuerdo qué y volvía como si me faltase tiempo para llegar o como si el Mundo entero me esperase (y era verdad que el Mundo entero me esperaba, puesto que me esperaba ella), y llegaba ya a nuestra casa cuando vi cruzar la calle y venir hacia mí al señor Walker. Me desvié sonriendo para ir a su encuentro, nos juntamos, me tendió ambas manos que cogí feliz, y rápidamente, con voz preocupada y a modo de saludo me dijo:

—Anoche llegó Ghopa y en este momento está arriba con Bha-rati.

—¿Ghopa? ¿El lama? ¿El canalla que estaba enamorado de ella?

No había acabado de decirme que sí con un movimiento de cabeza y de añadir algo que ya ni escuché, cuando boté de su lado, alcancé el portal y entré como un huracán.

Los tribunales de justicia han juzgado siempre con la posible clemencia los crímenes pasionales. Yo, desde entonces, he pensado que hacen bien. Porque si no delinque el que carece de responsabilidad, si la locura exime de castigo, nadie más loco que el enamorado cuando, extraviado por los celos, cree en peligro su amor.

En menos de lo que he tardado en escribir estas líneas estaba en la puerta de nuestro departamento, que abrí con manó turbada, mientras martilleaban mi cerebro las palabras de Bharati la primera vez que me habló de Ghopa: «Otra de las razones de que me sacasen de allí, tal vez la principal, fue el apartarme de Ghopa.»—«¿De Ghopa? ¿Quién es Ghopa?»—«El tercero de mis gurús. Un hombre muy estimado en el palacio de Pótala, pero de carácter autoritario y violento. Pasaba por poseer facultades extraordinarias. Se aseguraba incluso que hacía milagros. En todo caso, sí parece que goza de fuerte potencia hipnótica en la mirada y de un gran poder de sugestión. Todo lo que no impidió que yo, sin proponérmelo, pues me fue antipático desde el primer instante que le vi, fuese quien le sugestionó a él. Se enamoró de mi y hasta quería casarse conmigo...»

Apenas había abierto oí allá dentro, en las habitaciones de Bharati, lo primero un rotundo «¡no!» de ella, luego una voz dura, pero más bien suplicante que la instaba: «Pues será preciso que vengas, señora, piénsalo bien...»

No oí más porque no pude aguantar más. Como había subido y jadeando aún, cual una tromba, caí sobre la puerta y entré. Bharati estaba de pie, resuelta, con los brazos cruzados sobre el pecho, en actitud hostil. Ante ella, de espaldas a mí y profundamente inclinado, había un hombre joven aún (¿cuarenta años?), de aspecto sólido, poco más o menos de mi estatura, la cabeza rapada, la cara enteramente desprovista de pelo, el cuerpo metido en un hábito color granate sombrío, el hábito de los lamas.

La escena de violencia que siguió tardó menos en producirse que lo que yo voy a tardar en recordarla. Ghopa, al ruido que hice entrando, se volvió tras enderezarse vivamente, pero antes que pudiera evitarlo (de tal modo mi aparición fue imprevista para él y mi acometida rápida), caía hacia atrás a causa de un tremendo puñetazo que le di en el ojo izquierdo. Con increíble velocidad se incorporó, pero no con tanta como la que yo empleé para asestarle otro golpe semejante en el otro ojo, golpe que volvió a derribarle. Pero entonces, en vez de levantarse sólo hizo ademán de ello y cuando yo, ciego, caía de nuevo sobre él, poniéndome un pie en el vientre al tiempo que me agarraba por las solapas de la chaqueta, me volteó haciéndome caer brutalmente de espaldas. Como dos centellas estábamos un instante después de pie los dos, pero él, en vez de atacarme, quedó como esperándome, un poco inclinado y agachado el cuerpo, las manos separadas, dispuesto a hacer presa en mí del mejor modo, y sin hacer caso de la sangre que le caía por la cara, pues le había partido las dos cejas.

Parecía un demonio. Yo, comprendiendo por lo que acababa de hacerme—luego me lo confirmaron Walker y Yondgen—que era un diestro en jiu-jitsu, al atacarle de nuevo (debí ser más cauto pero no pude, impulsado como estaba por el peor de los consejeros, la cólera), para que no me agarrase, y dispuesto a deshacerme de él como fuera, le di una patada que de alcanzarle donde me proponía hubiera podido serle definitivamente fatal; pero aunque le alcancé con enorme violencia no produjo el efecto que yo esperaba. El, por su parte, intentó coger el pie que le golpeaba, y si lo hubiese conseguido una llave me hubiese puesto a su merced, pero se le escapó y en la finta le alcancé aún con otro tremendo puñetazo en pleno rostro al tiempo que él me tiraba un golpe con el canto de la mano que de alcanzarme más de lleno entre la nariz y la boca donde me alcanzó, me hubiera sido funesto, pues luego supe que era un golpe mortal. En fin, no sé cómo un instante después estábamos agarrados y en el suelo: él debajo, yo encima y con mis manos en su cuello. Y del mismo modo que él me hubiese matado si me coge bien el golpe en la base de la nariz, yo le hubiese estrangulado a él a no haber sentido de pronto un pinchazo en la espalda y como algo cortante y frío que se me hundía en la carne con tan extraña sensación que me arrancó el sentido.

Cuando volví en mí, Bharati, el señor Walker, el señor Yond-gen, la señorita Lyon y el señor Gaillard esperaban el diagnóstico del médico que estaba acabando de hacerme la primera cura. Este diagnóstico que yo oí como si lo pronunciase mucho más distante de lo que el médico se hallaba de mí, fue el siguiente: «Por fortuna, el puñal ha entrado un centímetro por encima del riñón izquierdo sin tocarlo. La herida tiene unos cinco centímetros de profundidad. Tal vez un poco más. Pero no ha lesionado ningún órgano importante. Como es fuerte como un toro creo que será cuestión de muy pocos días. Lo de la cara, nada. Una fuerte equimosis. No tiene rota la mandíbula. ¿Con qué le ha dado? ¿Con el mango del puñal?»

—No sé. No creo. Yo no vi el puñal en su mano hasta después. Me ha parecido que le daba con el canto de la mano derecha—dijo Bharati, haciendo desbordar en sollozos, que hasta entonces había contenido, la alegría que le causó el diagnóstico, asegurando que mi mal no era muy grave.

—Es un golpe clásico de jiu-jitsu—dijo el señor Yondgen—. Un golpe mortal. De los cuatro o cinco golpes mortales de esta lucha. Si le coge bien no hubiera necesitado emplear el puñal. Por fortuna debía de estar un poco aturdido por los puñetazos que había recibido él, pues sobre ser un hombre muy fuerte, es un maestro en este arte.

—¿Qué van ustedes a hacer? ¿Van a dar parte de lo ocurrido?

El señor Yondgen y el señor Walker interrogaron a Bharati con la mirada.

Esta, al cabo de un instante, respondió:

—No, si no es absolutamente indispensable. ¿Está usted, doctor, seguro de su dignóstico?

—Creo que sí, a menos de complicaciones imprevistas.

—Que se presentarían, ¿en qué plazo?

—¡Oh!, de aquí a que venga a curarle de nuevo esta tarde a última hora. Pero no creo. Es más, si continúa bien, como espero, la cosa será, ya digo, cuestión de muy pocos días.

—Pues entonces vamos a esperar. De todas maneras, aunque no hagamos intervenir a la justicia de aquí, la nuestra intervendrá. Yondgen...

—Señora.

—Que le juzguen en la Legación—Yondgen se inclinó en señal de asentimiento—. ¡Inmediatamente! Tenía derecho a defenderse, ¡pero no a matar como ha pretendido!

—Se hará, señora.

—Yo, aunque no le hable podré estar aquí a su lado, ¿verdad?—preguntó al doctor.

—Sí, sí. Que descanse, pero no hay inconveniente.

En efecto, Bharati no se separó ni de día ni de noche de mí. Por lo demás el diagnóstico había sido acertado. Tres días después casi tuvieron que enfadarse Bharati y la señorita Lyon para que no me levantara, pero lo hice al siguiente y durante mucho rato estuve sentado en un sillón, pues me encontraba muy bien. Hasta el dolor de debajo de la nariz que durante los primeros días me había molestado más que el escozor de la herida, habíase mitigado ya. Lo que me dolía más que lo mío era la angustia y la tristeza de Bharati, tristeza que en vano se esforzaba por disimular. Si me quedaba transpuesto un momento, o cuando abría los ojos tras haber dormido un poco de día o de noche, la veía llorando en silencio junto a mí. Y cuando muy apurado y angustiado yo también, al verla así, le preguntaba qué le ocurría, entre mil caricias me rogaba que la perdonase, pero que no lo podía evitar; que no podía remediar lo que le ocurría; que no hiciera caso y que la disculpase.

Es más, llegó un momento, recuerdo, en que le dije:

—Bharati, amor mío, mi reina, perdonarte nada tengo que perdonarte, y que no solamente excuso sino que agradezco tus lágrimas y los suspiros que se te escapan constantemente, no hay duda. Pero es que me parece que tú estás peor que yo. Porque yo siento que me repongo por días, por momentos, pero tú estás triste, pálida, deshecha. ¿Adonde se han ido las divinas rosas que tenías en la cara?

Es más, si no me sintiera cada vez mejor...

—Pero no te incorpores. No te muevas más. Ya que te sientes bien, no estropees por nada la mejoría. Ya sabes lo que ha dicho el médico: Hasta que te levante los puntos, reposo.

—Bien. Sí. Bueno. Pero escúchame.

—Te escucho, corazón. Habla. ¡Ay! Te escucho.

—¡Otro suspiro! Bueno, suspira, qué le vamos a hacer. Acércate. Dame un poco del mejor bálsamo... Te decía que si no fuera porque me siento como me siento, mejor por momentos, de tal modo que si me dejases me levantaría y nos iríamos despacito, pero nos iríamos a la calle, creería al ver tu actitud y la del señor Walker y la del propio señor Yondgen; es decir, al veros tan tristes, que en vez de decir el médico, como ha dicho, que dentro de ocho días no quedará de esto sino el recuerdo, hubiese dicho: «De pronto se le saldrá el alma por entre las gasas y se habrá acabado todo...» No, no; calla, mujer, ya lo sé. Perdóname tú a mí ahora. Pero es que es así. Y que estáis tristes, tristísimos, se da cuenta todo el que os ve. No soy yo solo. Mira; ayer, cuando me quedé un momento, al salir tú, con la señorita Lyon, le dije a ella: «Dígame usted con franqueza si lo que noto es algo real o pura figuración mía. ¿No están, tanto Bharati como el señor Walker y el señor Yondgen como muy tristes, muy preocupados, muy... no sé cómo, pero fuera de lo ordinario?» ¿Y sabes lo que me contestó ella? Pues que sí. Que ya lo había notado ella también.

Y que puesto que lo mío era evidente que no es nada, que lo que os ocurría tenía que tener por motivo algo particularmente vuestro. Y yo me pregunto, Bharati, amor mío: ¿no será aún por culpa de Ghopa? ¿De ese maldito Ghopa?

—No te preocupes por nosotros, corazón, y menos por Ghopa. A Ghopa no le volveremos a ver. Puedes estar seguro.

¿Dónde está? ¿Qué hace ese hombre ahora?

Iba Bharati a responder cuando entró el señor Gaillard, y con ello cambiamos de conversación.

Al día siguiente me levanté ya definitivamente. Al otro estuve fuera de la cama casi todo el día sin que ello me causase la menor molestia ni fatiga. Y como cuarenta y ocho horas más tarde dijo el médico que desde el siguiente día podía empezar a hacer vida ordinaria, me llené de gozo prometiéndomelas muy felices y seguro de que al verme entera y totalmente bien, la preocupación de Bharati desaparecería.

Pero el Destino tenía dispuesta otra cosa, ¡ay!, y su inmutable férula no debía de tardar en imponernos su inexcusable ley. Cuando dos días más tarde, por la mañana, hacia las once, nos disponíamos no tan sólo Bharati y yo, sino la señorita

Lyon y el señor Gaillard, a quienes habíamos invitado a comer con nosotros para celebrar mi primera salida, a hacerlo, llegó un telegrama para mí. Era de mi hermana Elvira y decía: «Ven primer tren. Papá grave.»

Hacia la misma hora, al día siguiente, tomaba el sudexprés, que veinticuatro horas más tarde me dejó en la estación del Norte de Madrid.

Habíamos quedado en que vendrían a la estación a despedirme Bharati, la señorita Lyon, el señor Gaillard y los señores Walker y Yondgen, pero sólo los hombres pudieron acompañarme. Bharati, a última hora, deshecha, sin nervios (no habíamos dormido ni un solo minuto en toda la noche; la había pasado pegada a mí, llorando y sin escuchar, aunque trataba de hacerlo, las mil cosas que yo le decía: que en cuanto viese lo que ocurría en mi casa la llamaría; que vendría y nos casaríamos; que sería recibida por los míos como se merecía; que en España también se vivía bien...), fatigadísima, sin nervios, decía, en el último momento, fue víctima de una especie de desvanecimiento que aprovecharon los tres excelentes amigos para arrancarme de allí, dejándola a ella al cuidado de la no menos excelente señorita Lyon.

*   *   *

Lo que ocurría en mi casa era muy grave. Mi padre, hombre hasta entonces de salud perfecta, sorprendido de pronto por ciertos fenómenos que al principio no dio importancia a causa de no ser dolorosos, pero extrañado al fin (el más característico era una frecuente necesidad de ir al retrete para sólo dejar en él unas gotitas de sangre), fue con mi madre a un especialista, que tras examinarle bien dijo a mi madre, cuando al siguiente día fue por el tratamiento que exprofeso no quiso darles el anterior: que mi padre tenía un cáncer en el recto, inoperable ya; que probablemente, y para evitarle cólicos dolorosísimos que no tardarían en presentarse, pues el conducto rectal estaba ya casi enteramente obstruido, habría que hacerle un ano ilíaco (lo que, en efecto, practicó el doctor Slocker tres o cuatro meses más tarde), pero que no viviría más de medio año. En efecto, la predicción fue hecha en septiembre y mi padre moría el catorce de abril del año siguiente.

Y he aquí cómo y por qué pasé de pronto del paraíso al infierno.

Aquella misma tarde escribía a Bharati una carta breve anunciándole lo que ocurría. Que me dijese que ella estaba bien y que se dispusiese a venir. Como tantas veces le había dicho, nos casaríamos en seguida y en paz. Yo me pondría al frente de nuestro negocio y ya saldríamos adelante.

La segunda carta, sin ninguna suya, al día siguiente. Poco más o menos le decía lo mismo: que estuviese tranquila, que mi madre y mi hermana serían felices conociéndola y con que entrase en nuestra familia. Y lo mismo mi hermano Pepe, que, como ya sabía, tenía poco más de diez años. Y que en escapadas iba a empezar a ver pisos en un barrio muy bueno de Madrid llamado de Salamanca. Que me anunciase cuanto antes: voy, para decírselo a mi madre y a mi hermana.

Al día siguiente, tras lamentarme de no tener aún noticias suyas, le anuncié que ya había visto rápidamente tres o cuatro pisos en casas nuevas. Uno particularmente bonito que había estado a punto de retener, en una calle muy buena: la calle de Goya.

La cuarta era toda impaciencia por no tener noticias suyas.

La quinta y por lo mismo, un lamento vivo.

La sexta una amenaza. Si al día siguiente no venía carta suya tomaría el tren y volvería a París. Aquella tardanza en escribir no podía obedecer a otra cosa sino a que estuviese enferma. Pero si tal ocurría, ¿por qué no me lo decían los señores Yondgen y Walker, o la misma señorita Lyon? ¿Tanto les costaba ponerme unas líneas?

Al día siguiente, cuando la impaciencia pasaba los límites de lo soportable y estaba decidido a volver a París con el pretexto de recoger el resto de mi aquipaje y mis libros, llegó, no la esperada carta sino el señor Walker en persona. ¿Infierno he dicho?... No había hecho sino empezar.

Por supuesto, carta sí me trajo. Una carta de Bharati que no pudo darme («Si seré distraído que me la he dejado en el cuarto.» Había tomado una habitación muy cerca de nuestra librería, que estaba en la calle de Preciados, en el número 13, en el Hotel de la Paix, hotel que había entonces en la Puerta del Sol.) En efecto, sólo cuando estuvimos en su cuarto me la dio, pero sacándola de su bolsillo. La carta decía exactamente; decía y dice, pues la conservo. Mucho tenía que perder a causa de las vicisitudes de la vida, pero el Destino, clemente algunas veces entre tanta inclemencia, lo fue esta vez también permitiendo que no se extraviase: «Cuando recibas esta carta, si vivo aún, estaré cada vez más y más lejos de ti. Embarcada en la nave que me conducirá hasta Calcuta, desde donde pasaré a mi país. Porque me voy. Tengo que separarme de ti, ¡ay!, no obstante ser, como lo eres, ¡todo para mí y lo único que verdaderamente me importa y me retiene en el Mundo! ¿Por qué me voy? El señor Walker te lo explicará. Yo no podría. Cuanto me queda como energías lo estoy reuniendo penosamente para escribirte estas líneas. Una vez que hayas oído al señor Walker trata, si ello es posible (bien que si juzgo por lo que a mí me pasa no podrá ocurrir), de no sufrir demasiado. Por lo demás, inútil creo que sería tratar de oponernos a nuestro Destino. Es más, si el dolor y la pasión no nos impidiese pensar bien, ¿no nos parecería tal vez que lo que nos sucede, que ahora juzgamos lo peor, no es tan malo? Porque hemos sido infinitamente felices en unas circunstancias determinadas, pero ¿quién nos garantiza que esta felicidad no se hubiese empañado al variar no tan sólo las circunstancias sino nosotros mismos con los años? Mientras que ahora una cosa inestimable es segura: que tú serás para mí, mientras aliente, ¡lo mejor que alguien ha podido conseguir en el Mundo!

Y lo mismo yo para ti: ¡Lo mejor! Y esta idea firmísima, ¿no será mientras vivamos un tesoro incomparable que nada podrá arrebatarnos?

»Amor mío, mi amor para siempre, mi corazón, escucha: Tsang Yang Gyatso, nuestro gran poeta, ha escrito, seguramente embargado por esa inspiración divina que transforma algunas veces en profetas a los verdaderos amados de las Musas, lo que te voy a copiar, adivinando tal vez que un día nos encontraríamos tú y yo en este que con razón llamáis vosotros Valle de Lágrimas:

Como dos mariposas arrastradas por vientos contrarios revolotean inútilmente hasta morir sin poder encontrarse.

Como un loto rosa y otro azul cada uno en un estanque, lejanos, que suplican al viento junte sus aromas ya que ellos no pueden juntarse.

Así somos tú y yo separados por un Destino adverso. Pero también, como dos astros errantes por el espacio infinito, pero seguros de que un día, cuando el cataclismo final, ¡volverán a juntarse!

»Cálmate, amor mío. Serénate, corazón. Tranquilízate. No sufras demasiado, pues en realidad no sabemos de qué está hecho ni qué nos reserva el mañana. Entre tanto y ocurra lo que ocurra, sobre todo, si el Destino sigue siéndonos contrario, piensa en mí seguro de que siempre que lo hagas yo estaré pensando en ti. Piensa, sí, piensa mucho, ¡mucho!, piensa siempre, pero no me escribas ni hagas nada por tu parte por saber de mí. Pues de estar escrito que no debemos volver a juntarnos, todo intento, sobre ser inútil, no haría sino causarnos, bien que imposible parezca que pudiera ocurrir, un nuevo, renovado y aun mayor dolor. Y males y peligros que no podríamos evitar.

»Adiós, adiós, no puedo más. En este momento, como mañana y como siempre, mi corazón en tu corazón... ¡Mi alma en tu alma!—Bharati.»

Cuando al fin pude hablar dije al señor Walker, que más bien iba adivinando por el movimiento de mis labios que por el ruido de mi empañada voz, lo qué decía:

—Pero... ¿por qué se ha ido? Pero ¿es verdad que se ha ido?

—Sí, se ha ido.

—¿Cuándo?

—Anteayer. La condujimos hasta El Havre, Yondgen, una enfermera y yo.

Una enfermera para que estuviese mejor atendida, pues tuvimos que transportarla en una ambulancia.

—¿Y adonde va?

—A su patria. Al Tibet.

—Cierto. Sí. Me lo dice en la carta... Pero, ¿por qué?, ¿a qué?, ¿por qué me ha dejado?

—Porque su tía, la abadesa del monasterio de Yamdok, que se encargó de ella al morir sus padres en un accidente cuando tenía apenas cuatro años, ha muerto, y Bharati, según es ley allí, estaba destinada a ocupar su puesto. Hoy, en este momento, bien que en contra de su voluntad, es ya la Dama Lama, avatar de Dordji Fagmo, primera de las divinidades femeninas del panteón tán-trico, es decir, diosa ella misma según aquella creencia, y tercera autoridad religiosa del Tibet luego del Dalai Lama y del Tachi Lama.

Al oír aquello comprendí muchas cosas que, en efecto, algunas veces me habían sorprendido, bien que no hubiese prestado especial atención, embargado enteramente como había estado durante tantos meses por su adorable y adorada imagen y por el incomparable embeleso de su presencia. Aquellas muestras de respeto profundo del señor Walker y del señor Yondgen, pese a ser sus gurús; su indiferencia en gastar dinero y la facilidad con que le bastaba acercarse a la Legación o mandar unas líneas para que pusiesen a su disposición cuanto pedía; la actitud de Ghopa, tan inclinado ante ella cuando entré en el cuarto un momento antes de nuestra lucha, y, en fin, el propio modo autoritario de Bharati, contestándole, tan opuesto a su dulzura habitual; todo, todo ello quedaba ahora perfectamente explicado al escuchar que aquella criatura ideal, ¡mi compañera fiel, sumisa, deliciosa, incomparable durante varios, ¡ay!, brevísimos meses! para los demás era nada menos que una futura diosa. Y que cuando lo fue efectivamente, por muerte de su tía, Ghopa, en unión de otros dos lamas, fueron comisionados para venir a anunciarlo.

—¿Pero por qué, pese a todo, no persistió en sus negativas primeras a Ghopa, pues yo la oí decirle que no y que no repetidamente, y renunciando a todo no se quedó conmigo, puesto que éramos y hubiéramos sido siempre tan felices? ¿Vale más ser abadesa en un convento en el Tibet y falsa diosa que aquí mi mujer y la madre de nuestros hijos?

—En todas partes, muy particularmente en los pueblos aún no muy desarrollados como allí, es decir, donde la ignorancia es mayor, la tradición y todo lo religioso tiene una fuerza que es muy difícil contrarrestar. Sobre que la religión unida a la ignorancia pierde inmediatamente lo que de elevado y hasta de conveniente puede tener toda creencia que se apoya en una sólida moral, y degenera en fanatismo, es decir, en la caricatura de todas las ideas; en lo que las ideas tienen de falso, de bajo, de malo, de abyecto y, por supuesto, de peligroso. La Historia, ¿qué es en realidad sino la narración de los crímenes obra de los fanatismos tanto políticos como religiosos?

—Pero ¿qué tiene que ver Bharati con la religión aquella? Además, usted y el señor Yondgen, ¿no decían siempre que el Budismo es la religión menos religión y la más tolerante?

—Lo es, lo es; y se convencerá cuando un día, ya más tranquilo, lea el Bardo Thodol, del que le traigo el ejemplar prometido. Pero es que, como le digo, en todas partes la religión inteligente es una cosa y el fanatismo ignorante otra. Difícil es encontrar, como moral, algo más perfecto que el sistema de vida y de sana filosofía que es en realidad el Budismo, pero ¿qué ha hecho el fanatismo ignorante de esta religión sin Dios? Pues ya lo ve usted: desconocer su esencia y no tan sólo llenarla de dioses y diosas, sino hacer al Dalai Lama avatar de Buda, encarnación de Buda tras haber transformado una simple figura humana, por sublime que sea, en divinidad, sino, como le digo a usted, para completar el cuadro, a la abadesa de otro manasterio, a la Dama Lama, en encarnación de Dordji Fagmo, primera de las divinidades femeninas del panteón tántrico. Hoy, es decir, desde la muerte de su tía, Bharati para los fanáticos no es una mujer, es ¡una diosa! Y porque es una diosa, no una mujer, la mano de Ghopa se dispuso a matarle a usted, no lo olvide.

—Aquello fue una simple cuestión de celos—protesté—. Ghopa amaba a Bharati.

—No, no fueron celos. Esta planta no crece en el Tibet. ¿Celos en el Tibet, donde la poliandria es cosa corriente? Como hombre, Ghopa, estoy seguro y usted puede estarlo también, que no hubiera tenido inconveniente en compartir Bharati con usted y aun con algún otro. Como fanático, al darse cuenta por las negativas de Bharati y al punto por la propia actitud de usted de lo que sus relaciones tenían o podían tener de ofensivo para la diosa Dordji Fagmo, usted tenía que morir. Si Ghopa no consiguió su propósito, otro fanático le hubiera sustituido. Y esta es la realidad, amigo mío; si estuviese aquí Yondgen se lo confirmaría; Bharati se ha sacrificado por salvarle a usted la vida. En el Tibet, como en todas partes, hay cientos, ¡miles! de fanáticos que midiendo a los dioses con el despreciable rasero de su fanatismo bestial, se creen que les honran y que les satisfacen cometiendo crímenes a los que sólo les empuja esto: un fanatismo bestial y una total ignorancia.

—¿Y ahora se dejará servir allí por Ghopa?—dije; porque si en el Tibet no había celos, en mi corazón sí, tantos como amor y éste me llenaba por completo.

—No. Ghopa no la volverá a ver, ni ella a él. Ghopa no era quién para tomarse la justicia, o lo que creía justicia, por su mano. Bharati le ordenó partir... ¡y que no llegase! Y no llegará.

En efecto, en la primera de las cartas que me escribió el señor Waiker desde París (pues sólo estuvo en Madrid los días que juzgó suficientes para tranquilizarme un poco) al tiempo que me anunciaba que partía él también y que seguiría escribiéndome, como lo cumplió, me decía (conservo también todas sus cartas): «En cuanto a Ghopa—ya se lo predije—, no llegará nunca adonde Bharati se dirige y adonde me voy tras ella. Antes que el barco que había tomado alcanzase Gibraltar, notaron que había desaparecido. La noticia llegó ayer a la Legación.

*   *   *

Me sostuve difícilmente en pie los cuatro o cinco días que el señor Waiker estuvo en Madrid, y creo que tan sólo por hablarle de Bharati y porque él me hablase de ella. Cuando partió caí y durante cerca de dos meses estuve inútil para todo. Luego la vida siguió, porque además de tener que vivir para mí tenía que hacerlo para los míos, pues mi padre pronto empezó a acusar con dolores cada vez más implacables el terrible calvario y el fin que le aguardaba. Luego fue su muerte y al punto nuevas preocupaciones, entre ellas el servicio militar, que me amenazaba con tener que abandonar todo para cumplirlo, lo que en mis circunstancias era particularmente grave.

Pero pasó, porque toda pasa (menos ¡ay!, lo que más deseamos, que, con frecuencia, suele no llegar nunca), y el tiempo siguió pasando también. Vuelto a la vida normal, me casé, convencido (seguía recibiendo cartas del señor Walker que insistentemente me quitaba toda esperanza) de que era inútil creer en lo imposible.

Es decir, me casaron. Me casaron mi madre y mi hermana con una amiga de ésta que siempre me había querido y que, nuevo ejemplar de dulzura y de bondad femenina, no vaciló en unir su suerte a la mía aun sabiendo, pues no dudé en confesarlo, la gran amargura que me embargaba y que me embargaría durante mucho tiempo. Tan buena y tan dulce era (¡pobre Isabel querida!), que mi angustia no hizo sino estimular su propósito de hacerme feliz en lo que de ella dependiese. Y, en efecto, calladamente, prudentemente, inteligentemente, siempre disculpándome, siempre tolerante y comprensiva con todos mis errores y debilidades, fue poco a poco ocupando en mi corazón el hueco que poco a poco también iba dejando, al esfumarse dulcemente, fatalmente, el puesto que había llenado Bharati. Fueron un puñado de años de vida feliz, sin una nube a su lado. Luego, el primer dolor, cuando llegado el 37 tuvimos que separarnos. El segundo, cuando supe que, lejos de mí, había acabado bendiciendo mi nombre...

¡Bah!... Poco a poco, sí, la vida volvió a cogerme en su engranaje unas veces duro, otras veces suave, hasta que, como digo, años después, en una de las andanzas de la revolución y a causa de ella, me encontré de nuevo, bien que esta vez obligado por las circunstancias, en Francia. Y allí fue donde un día, no sé cómo, me vino de pronto la idea (que al fin queda hoy plasmada en este libro) de traducir al español, cosa que hasta ahora no se había hecho, el Libro de los Muertos egipcio, e incluso de poner a continuación el Bardo Thodol, verdadero Libro de los Muertos, tibetano.

La traducción de éste la había llevado a cabo poco a poco más de veinte años antes a raíz de mi gran dolor. Es decir, cuando todo lo que me recordaba mi perdido bien, era a un tiempo puñal y bálsamo para mí. Es más; por fortuna, por grandísima fortuna, cuando cierto día en Getafe (donde había vivido siempre con mi mujer y mis hijos en una finca que compró mi padre, y donde ellos vivían aún; yo había pasado ya a Francia); cuando cierto día Getafe, decía, fue cañoneado desde Madrid a raíz de ser tomado por las tropas que avanzaban hacia la capital, y mi casa alcanzada por los disparos, tuve la fortuna de que si bien el ejemplar del Bardo que me había regalado el señor Walker voló como otros tantos libros inestimables reunidos durante muchos años de librero amante de los libros, la traducción que había hecho pudo librarse no obstante no estar muy dejos de todo lo perdido.

Entonces, es decir, formando el propósito de dar juntos ambos libros, traté de hallar otro ejemplar del Libro de los Muertos egipcio como aquel que veinticinco años antes había dado al señor Walker (excelente amigo de quien seguí teniendo noticias, es decir, cartas hasta poco antes de su muerte, ocurrida en Calcuta en 1922; el señor Yondgen había muerto también, en Lhassa, dos años antes); pero si entonces era ya rarísimo, para qué decir veinticinco años después. En el apuro acudí a mi paño de lágrimas en tales ocasiones, es decir, cuando necesitaba libros que no había manera de adquirir: al señor Juan Sarrailh, el rector de la Sorbona, con quien me unía y me sigue uniendo una amistad fraternal nacida en los años mozos. Él me lo procuró y entre dos traducciones de Platón (autor al que había empezado a verter al castellano poco antes de tener que expatriarme, y que en el destierro acabé) y por aquello de que la variedad de trabajos descansa el entendimiento, emprendí la traducción del volumen que me había enviado Sarrailh de la Biblioteca de la Sorbona. Estaba con él cuando una mañana recibí una circular del «Omnium Litte-raire», sociedad a la que ya había adquirido algún libro, anunciándome una nueva traducción del Libro de los Muertos hecha por el señor Gregoire Kolpaktchy, di-plomado en la Escuela Nacional de Lenguas orientales. Ni que decir tiene que media hora después había dejado una tarjeta en el buzón pidiendo la nueva traducción, y que cuatro o cinco días después la tenía en mi poder.

Entre la antigua traducción de Pierret y la nueva encontré bastantes dife-rencias. La de Pierret es sin duda más literal, pero la de Kolpaktchy más clara. Tra-ducir literalmente libros como éste, o como el propio Bardo, provenientes de idiomas tan diferentes del nuestro, es decir, de nuestras lenguas de flexión, es punto menos que imposible a menos de interpretar más bien que traducir. Esto es lo que hay que hacer y lo que ha hecho el señor Kolpaktchy con todo acierto, a mi juicio, en cuantas ocasiones se ha visto obligado a ello para no extraviar enteramente al lector. Así como le ha orientado y ayudado mucho con una excelente introducción y gran puñado de notas.

Una cosa parecida me había ocurrido a mí cuando traduje el Bardo Thodol años antes; no obstante haber puesto el mayor cuidado en la traducción, pronto me di cuenta de que determinadas cosas del texto era imposible comprenderlas (como ya me habían advertido el señor Walker y el señor Yondgen) sin la ayuda de notas ex-plicativas y comentarios aclaratorios. De modo que cuando el año 1927 decidí empe-zar a editar libros, lo primero que hice fue procurarme no sólo la traducción inglesa del Bardo Thodol hecha por un sabio de primer orden, el lama Kazi Dawa Samdup, profesor, primero, de la escuela de Gangtok, y luego, de tibetano, de la Universidad de Calcuta (traducción editada por un orientalista también notable, el Dr. Evans Wentz), sino unos cuantos libros cuya lista me había dado el propio señor Walker, tales que, entre otros, los siguientes: Three years in Tibet, de Ekai Kawagnchi; The Buddhis of Tibet, de L. A. Waddell; Sacred Books of the East, de G. Buhler; Indian Antiquary, de L. A. Thomas; Varieties of religious experiences, de W. James; The Ti-betan Mysteries, de Wolf; Mystiques et magiciens du Tibet, de la señora David Neel, e incluso una interesante novela tibetana, Om, de M. Talbot Mundy. Y con lo apren-dido en ellos más muchas notas del señor Evans Wentz, espero que esta versión cas-tellana no haya ofrecido dificultades al lector.

EL CRITICO - JUAN BAUTISTA BERGUA

Editorial Ediciones Ibéricas fue fundada en 1927 en Madrid por Juan Bautista Bergua con la idea de ofrecer a la sociedad española la oportunidad conocer la literatura universal, algo muy progresivo en aquel momento, en una época en la que España era aun un país reacio a cualquier filosofía en desacuerdo con la iglesia católica.

Juan Bergua dedicó toda su vida – llegó a ser casi centenario – a la filosofia y literatura introduciendo nuevas culturas e ideologías a su paisanos, incluso durante el mandato de Franco cuando los falangistas quemaron su librería por encontrarlo contradictorio a La Censura. La pérdida de su negocio fue un golpe tremendo, el fin de tantos esfuerzos y el sustento para él y su familia. Se quemaron 40.000 ejemplares de La Crítica de la Razón Pura de Kant que se acababan de editar, y cientos de miles de libros mas de la literatura clásica universal...un gran pérdida también para el pueblo español.

Juan Bergua después de años de prisión consiguió salvar su vida. Evitó su fusilamiento con la ayuda de su gran amigo General Emilio Mola. Exiliado en Francia, Juan Bergua siguió traduciendo y escribiendo sus notas. En 1959 el escritor pudo regresar a España y a sus 65 años comenzó a publicar de nuevo.

Ediciones Ibéricas ofreció una gran colección de obras universales traducidas por primera vez en castellano con estudios preliminares, textos íntegros y anotaciones detalladas. El objetivo era hacer posible que la lectura dejara de ser una afición elitista.

Aparte de los clásicos como los grandes poemas épicos La Iliada y La Odisea de Homero, las Comedias y Tragedias de William Shakespeare y las Fábulas de Esopo, tradujo los grandes maestros de la Grecia antigua, Sócrates y Pitagoras, La Teoría de la Política y el poder con La República de Platón. Tradujo también El Capital de Karl Marx, los grandes hitos del pensamiento incluyendo Séneca, René Descartes, Voltaire, Erasmo de Rotterdam, Friedrich Nietzsche y Immanuel Kant, la erótica oriental del Kama Sutra y El Ktab, La Historia de las Religiones del Mundo, La Mitología Universal, Los Grandes Libros Sagrados y Las Mil Mejores Poesías de la Lengua Castellana, la estrella de la colección. Temas que los intelectuales y amantes de la literatura pueden apreciar.

En la actualidad, Ediciones Ibéricas es una editorial para todos aquellos lectores interesados en la cultura, historia y filosofia del mundo.

Cultura unde abiit, libertas nunquam redit.
Donde no hay cultura, la libertad no existe.

LA CRITICA LITERARIA

TODO SOBRE LITERATURA CLASICA, RELIGION, MITOLOGIA, POESIA Y FILOSOFIA...

La Crítica Literaria es la librería y distribuidor oficial de Ediciones Ibéricas y Clásicos Bergua fundada en 1927 por Juan Bautista Bergua, crítico literario de los clásicos y célebre autor de una gran colección de obras.

Las Mil Mejores Poesías de la Lengua Castellana es la estrella de la colección, con mas de 1.000.000 copias vendidas, es una antología de casi diez siglos de poesía castellana. En las palabras de la revista Historia de Iberia Vieja, es "El Libro Del Mes...ya es un clásico de todas las bibliotecas" (11/2008).

LEER LOS LIBROS GRATIS ONLINE: **www.LaCriticaLiteraria.com**

La Crítica Literaria no solo esta dedicada a la venta de libros nacional e internacional, también ofrece al lector la oportunidad de leer toda la colección de Ediciones Ibéricas gratis online, acceso gratuito a mas que 100.000 páginas de estas obras literarias, a conocer un importante fondo cultural y permitir tener mayor conocimiento para decidir su adquisición, con la facilidad de compra online en forma de libros tradicionales y libros digitales (ebooks).

ANALISIS DE LA LITERATURA CLASICA UNIVERSAL

En nuestra página web encontrará todas las obras completas con prólogos, resúmenes y anotaciones originales por Juan Bergua, fundamentales para el entendimiento de los clásicos.

Disfrute de su experiencia con nosotros.

www.LaCriticaLiteraria.com

www.ingramcontent.com/pod-product-compliance
Lightning Source LLC
LaVergne TN
LVHW091303080426
835510LV00007B/376